LUIZ FERNANDO DO VALE
DE ALMEIDA GUILHERME

EL ARBITRAJE EN LA BOLSA DE VALORES DE SAO PAULO (B3) Y DE MADRID (BME)

Copyright © 2019 by Editora Letramento
Copyright © 2019 by Luiz Fernando do Vale de Almeida Guilherme

Diretor Editorial | Gustavo Abreu
Diretor Administrativo | Júnior Gaudereto
Diretor Financeiro | Cláudio Macedo
Logística | Vinícius Santiago
Designer Editorial | Luís Otávio Ferreira
Assistente Editorial | Giulia Staar e Laura Brand
Diagramação | Isabela Brandão

Conselho Editorial | Alessandra Mara de Freitas Silva;
Alexandre Morais da Rosa; Bruno Miragem; Carlos María Cárcova;
Cássio Augusto de Barros Brant; Cristian Kiefer da Silva; Cristiane Dupret;
Edson Nakata Jr; Georges Abboud; Henderson Fürst; Henrique Garbellini
Carnio; Henrique Júdice Magalhães; Leonardo Isaac Yarochewsky;
Lucas Moraes Martins; Luiz Fernando do Vale de Almeida Guilherme;
Nuno Miguel Branco de Sá Viana Rebelo; Renata de Lima Rodrigues;
Rubens Casara; Salah H. Khaled Jr; Willis Santiago Guerra Filho.

Todos os direitos reservados.
Não é permitida a reprodução desta obra sem
aprovação do Grupo Editorial Letramento.

Datos Internacionales de Catalogación en la Publicación (CIP) de acuerdo con ISBD

G956a	Guilherme, Luiz Fernando do Vale de Almeida
	El arbitraje en la bolsa de valores de São Paulo (B3) y de Madrid (BME)/Luiz Fernando do Vale de Almeida Guilherme. - Belo Horizonte, Brasil: Letramento; Casa de Derecho; Almeida Guilherme, 2019. 92 p. : il. ; 15,5cm x 22,5cm.
	Incluye bibliografía. ISBN: 978-85-9530-259-4
	1. Economía. 2. Mercado de Valores. 3. Bolsa de Madrid. 4. Arbitraje. I. Título.
2019-754	CDD 332.6 CDU 336.765

Elaborado por Odilio Hilario Moreira Junior - CRB-8/9949

Índice de catálogo sistemático:
1. Economía : Mercado de Valores 332.6
2. Mercado de Valores : Arbitraje 336.765

Belo Horizonte - MG
Rua Magnólia, 1086
Bairro Caiçara
CEP 30770-020
Fone 31 3327-5771
contato@editoraletramento.com.br
editoraletramento.com.br
casadodireito.com

Casa do Direito é o selo jurídico do
Grupo Editorial Letramento

	PRÓLOGO	5
1	**INTRODUCCIÓN**	7
2	**DE LA GOBERNANZA CORPORATIVA**	17
2.1.	EL ESTÍMULO AL USO DE LAS PRÁCTICAS DE GOBERNANZA CORPORATIVA	21
2.2.	EL CÓDIGO DE AUTO-REGLAMENTACIÓN DE LA ANBIMA	23
3	**ARBITRAJE**	25
3.1.	BREVE RESUMEN HISTÓRICO HASTA LA INSTITUCIÓN DEL ARBITRAJE EN BRASIL	29
3.2.	LAS VENTAJAS DEL ARBITRAJE	31
3.3.	METODOLOGÍA ADOPTADA POR LA BM&F BOVESPA/B3	33
3.4.	DE LA CLÁUSULA ARBITRAL COMPROMISORIA	35
4	**DE LA JURISDICCIÓN DE LA ANBIMA – BRASIL**	41
4.1.	LOS ELEMENTOS DE INCIDENCIA DEL CÓDIGO DE AUTO-REGLAMENTACIÓN DE LA ANBIMA	43
5	**DERECHO COMPARADO**	45
5.1.	DATOS DEL MERCADO EUROPEO	47
5.2.	DIRECTIVA 2014/65/UE	48

5.3.	LAS SEMEJANZAS ENTRE LOS DOS INSTRUMENTOS DE MERCADO	49
5.4.	LOS CONFLICTOS DE INTERESES EN EL MERCADO DE CAPITALES EUROPEO	54
5.5.	MANTENIMIENTO DE LA INTEGRIDAD DEL MERCADO	55
5.6.	LAS DISPOSICIONES CONTENIDAS EN EL ARTÍCULO 44 DE LA DIRECTIVA 2014/65	57
5.7.	UTILIZACIÓN DE MECANISMOS EXTRAJUDICIALES DE SOLUCIÓN DE CONFLICTOS	58
6	**DE LAS SEMEJANZAS: BRASIL Y EUROPA**	**69**
6.1.	LOS REALES INTERESES DE QUIENES REALIZAN NEGOCIOS EN LAS BOLSAS DE VALORES	72
7	**CONCLUSIÓN**	**79**
	BIBLIOGRAFÍA	**85**

PRÓLOGO

Constituye una extraordinaria satisfacción prologar esta obra del Dr. Luiz Fernando do Vale de Almeida Guilherme, la cual lleva por título "O Arbitragem na Bolsa de Valores de São Paulo (B3) e Madrid (BNM)"; sin duda una materia muy poco conocida por los operadores económicos y jurídicos, y menos aún por los investigadores del Derecho, al tratarse de un campo sumamente especializado.

Mi satisfacción es doble, por tanto. De una parte, por tratarse de una obra nacida con motivo de la estancia de posdoctorado que el Dr. Guilherme realizó en la Facultad de Derecho de la Universidad de Salamanca entre los meses de junio y julio, en el marco del Programa de Altos Estudios de Posdoctorado en Derecho que la Facultad de Derecho del estudio salmantino oferta en colaboración con la Fundación General de la Universidad de Salamanca, y del que el Dr. Guilherme ha sido uno de los primeros diplomados. De otgra parte, por tener la oportunidad de aproximarme a un campo de especialización muy poco frecuente, también entre los estudiosos de la solución extrajudicial de conflictos.

Durante su estancia posdoctoral en la Universidad de Salamanca tuve la oportunidad de conocer y tratar personalmente a Luiz Fernando Guilherme, prestigioso abogado brasileño y profesor de varias instituciones de enseñanza en aquel país, quien tiene una abundante producción científica en estudios sobre mediación y arbitraje, entre otras materias a las que ha prestado su curiosidad intelectual. La inmediata empatía que se produjo entre tutor y estudiante de posdoctorado derivó pronto en el descubrimiento de intereses comunes científicos y académicos que, en muy poco tiempo, están fructificando en nuevos proyectos docentes y de investigación.

La obra del Profesor Luiz Fernando Guilherme aborda la cuestión del arbitraje en los mercados financieros (mercados de valores) desde la óptica del Buen Gobierno Corporativo y abordándola desde un sano ejercicio de derecho comparado entre el Derecho brasileño y el europeo y español. El estudio muestra la conveniencia de derivar hacia el arbitraje los complejos conflictos que surgen en el seno de los mercados de valores, sea dentro de las empresas (en forma de sociedades por acciones) emisoras de valores, o sean entre las empresas emisoras de valores y los inversores, a cuyo fin se ha venido promulgando normativa reciente para incentivar o incluso obligar el recurso al arbitraje; en el entendimiento de que árbitros especializados, conocedores del sector financiero, pueden dar una respuesta más rápida y eficaz a los problemas planteados, con mayor conocimiento de causa que los jueces y tribunales.

El profesor Guilherme muestra las semejanzas y diferencias de régimen jurídico entre Brasil y España (a partir del Derecho de la Unión Europea) en torno a la institución del arbitraje en los mercados de valores. Así, mientras en Europa y España la normativa enfatiza la conveniencia de impulsar el arbitraje como medio de solución extrajudicial de conflictos surgidos en torno a sociedades cotizadas y valores cotizables, en el Estado de São Paulo (Brasil), se ha optado por una solución muy diferente, imponiendo el recurso al arbitraje obligatorio para resolver los conflictos que puedan surgir en el seno de las sociedades cotizadas emisoras de valores.

La escasez de estudios en torno a esta difícil cuestión del arbitraje en mercados de valores, así como la discusión sobre la obligatoriedad del arbitraje (que pone en duda el origen y sentido último de la institución del arbitraje como recurso extrajudicial fruto del acuerdo entre partes) y las consecuencias para el derecho a la tutela judicial efectiva, hace que la obra de Luiz Fernando Guilherme constituya un estímulo para quienes trabajan habitualmente en materia de solución extrajudicial de conflictos, además de una referencia para los operadores de los mercados financieros en general.

En Salamanca, a 11 de febrero de 2019

FERNANDO CARBAJO CASCÓN
Catedrático de Derecho Mercantil
Universidad de Salamanca.

1
INTRODUCCIÓN

Con la evidente lentitud y sobrecarga de los procesos en el Poder Judicial, existe la necesidad de hacer uso, por lo menos, de un método extrajudicial de resolución de conflictos, considerando que el sistema Judicial no posee la estructura adecuada para resolver en tiempo oportuno los miles de procesos que se acumulan cada día. Además, el derecho positivo enfrenta dificultades crecientes, debido a su ineficacia, ya que las reglas dispuestas por el Estado tienen su efectividad desafiada por la aparición de normas espontáneamente generadas en diferentes ramas y sectores de la economía, principalmente debido a la economía globalizada[1], a partir de sus necesidades específicas (como es el caso,

---

[1] Es importante hacer un breve resumen sobre la globalización y los arbitrajes internacionales, los cuales pueden ser utilizados como paradigma para los arbitrajes nacionales en el caso en cuestión del derecho mercantil: *Las pasadas cuatro décadas han constituido un periodo de expansión del arbitraje comercial internacional. Esta globalización del arbitraje comercial internacional comenzó con la Convención sobre el Reconocimiento y la Ejecución de las Sentencias Arbitrales Extranjeras (LA LEY 92/1958), Nueva York, 1958 («Convención de Nueva York»). El éxito de esta Convención en términos del número de Estados adheridos, el respeto que ha conseguido de tribunales nacionales y su lograda redacción que no ha requerido modificación alguna, ha supuesto una sólida base para el posterior crecimiento del arbitraje comercial internacional y un influjo beneficioso sobre la armonización internacional de la legislación de arbitraje. La Convención de Nueva York se ha visto complementada por iniciativas de armonización regional tales como el Convenio Europeo sobre Arbitraje Comercial Internacional (LA LEY 21/1961), Ginebra, 1961, la Convención Interamericana sobre Arbitraje Comercial Internacional, Panamá, 1975, y el Tratado para la Armonización del Derecho de Negocios Africano de 1993 (OHADA). Un fuerte impulso al proceso de armonización internacional del Derecho de arbitraje ha venido dado por la Ley Modelo de la UNCITRAL sobre Arbitraje Comercial Internacional concluida en 1985 y que en junio de 2000 constituía la base del derecho de arbitraje de treinta y nueve jurisdicciones diferentes. La creación en paralelo de la Ley Modelo en seis lenguas (árabe, chino, inglés, francés, ruso y español), así como la disponibilidad de jurisprudencia referente a dicha Ley Modelo en estas seis lenguas, a través de la Jurisprudencia en Textos CNUDMI o CLOUT, probablemente consolidarán su influjo armonizador* (Vide: GUILHERME, Luiz Fernando do Vale de Almeida. **Manual de Arbitragem, Mediação, Conciliação e Negociação**, 4. ed., São Paulo: Saraiva, 2018, anexo II). *Tres importantes acuerdos multilaterales en el ámbito americano: el Tratado de Libre Comercio de América del Norte de 1992 («TLCAN»); el Protocolo de Colonia para la Promoción y Protección Recíproca de Inversiones en el MERCOSUR de 1991; el Tratado de Libre Comercio entre México, Colombia y Venezuela, con un cuarto acuerdo,*

Area de Libre Comercio de las Américas, actualmente en fase de negociación (ALCA). Ha habido asimismo un crecimiento exponencial de los Acuerdos para Promoción y Protección Recíproca de Inversiones («APPRIs»), de tal manera que a 1 de enero de 2000 había 1.857 APPRIs que incluían a 173 países. Los APPRIs normalmente incluyen estipulaciones referentes a la definición de una inversión extranjera (que en la mayor parte de los casos incluye activo material e inmaterial y a menudo propiedad intelectual), la admisión de inversiones, criterios de tratamiento nacional, de nación más favorecida y trato justo y equitativo, compensación por expropiación y arreglo de diferencias. Las disposiciones que contemplan el arreglo de diferencias estipulan de forma casi invariable tanto el arbitraje Estado a Estado como inversor-Estado. En el caso de este último, se estipula habitualmente (a opción del inversor) el recurso a los tribunales competentes del Estado Parte o al arbitraje CIADI con arreglo a la Convención de Washington de 1965 (o a las Reglas CIADI Mecanismo Complementario, en su caso) o al arbitraje conforme a las Reglas de Arbitraje de la Comisión de las Naciones Unidas para el Derecho Mercantil Internacional («CNUDMI»). Estos hechos nos confirman que los arbitrajes inversor-Estado constituyen ahora una característica arraigada y extremadamente importante del moderno arbitraje comercial internacional. Un nuevo hito en la liberalización del comercio mundial se alcanzó en 1994 con la finalización de la Ronda Uruguay del GATT. La Ronda Uruguay tuvo también por resultado el establecimiento de la Organización Mundial del Comercio (OMC) el 1 de enero de 1995, cuyas funciones incluyen la regulación de un nuevo sistema de arreglo internacional de diferencias a través del Acuerdo para el Establecimiento del Conflicto (DSU) diseñado para resolver controversias entre Estados en relación con los Acuerdos resultantes de la Ronda Uruguay. Las disposiciones para la resolución de diferencias contenidas en los APPRIs, el éxito del CIADI y el establecimiento del DSU son la confirmación de una fuerte tendencia moderna al arreglo de diferencias comerciales y de inversión por medios jurídicos antes que de tipo diplomático, sobre la base de criterios de tratamiento nacional, de nación más favorecida y trato justo y adecuado, así como compensación por expropiación. Una preferencia similar por enfoques jurídicos antes que diplomáticos en relación con la resolución de diferencias internacionales, que ha realzado de forma notable el perfil del arbitraje internacional, ha sido también confirmada por algunos hechos ad hoc, tales como la labor desarrollada por el Tribunal de Reclamaciones Irán-Estados Unidos. El fenómeno de la globalización ha coincidido con una «… revolución…» en la protección internacional de los derechos humanos, y pueden ser trazados algunos paralelismos entre acontecimientos en este terreno y el arbitraje comercial internacional. La liberalización del comercio y la aceptación de un arbitraje obligatorio en diferencias relativas a inversiones ha venido acompañando a menudo o ha seguido muy de cerca a las mejoras en el campo de los derechos civiles y políticos, como por ejemplo en algunos países latinoamericanos. La legislación de derechos humanos y la

EL ARBITRAJE EN LA BOLSA DE VALORES DE SAO PAULO (B3) Y DE MADRID (BME)

moderna legislación comercial comparten una preocupación común por la protección de los nacionales de un Estado dentro de la jurisdicción nacional de otro y en ambos sectores ha habido una tendencia creciente a una resolución de las diferencias de tipo jurídico antes que diplomático y, dentro de las nuevas estructuras jurídicas, al reconocimiento de derechos privados de acción por parte de los individuos frente a los Estados. De este modo, el derecho al arbitraje de un inversor extranjero frente a un Estado receptor con arreglo a un tratado de inversión multilateral o bilateral tiene su contrapartida de derechos humanos en peticiones privadas conforme al Convenio Europeo para la Protección de los Derechos Humanos o a la Comisión Interamericana de Derechos Humanos. Tanto el Derecho mercantil como la legislación sobre derechos humanos se inspiran también en doctrinas legales internacionales establecidas, tales como el agotamiento de recursos y la denegación de justicia. La globalización ha supuesto un estímulo en muchos aspectos importantes de la propiedad intelectual, incluyendo un papel de mayor contenido para el arbitraje. El desarrollo del arbitraje respecto a derechos de propiedad intelectual se ha visto tradicionalmente dificultado por dudas en cuanto a la posibilidad de someter a arbitraje ciertas diferencias referentes en particular a patentes y marcas registradas. La inclusión de la propiedad intelectual en la definición de inversiones en algunos acuerdos de inversión multilaterales y bilaterales confirma la posibilidad de someter a arbitraje estos derechos ante instituciones internacionales. El establecimiento del Centro de Mediación y Arbitraje OMPI (Organización Mundial de Propiedad Intelectual) hace previsible una relación más positiva entre propiedad intelectual y arbitraje en el futuro; el hecho de que el Centro de Mediación y Arbitraje OMPI no haya estado muy ocupado hasta el momento podría obedecer a las mismas razones ya expuestas en relación con el funcionamiento del CIADI en los años siguientes a su establecimiento. Globalización, propiedad intelectual y arbitraje han ido también de la mano en el ciberespacio, donde el arbitraje (en esta fase de forma relativamente rudimentaria) constituye la base de la legislación en desarrollo para la resolución de diferencias sobre el nombre de un dominio. La institución privada de arbitraje con un carácter más global es la Corte de Arbitraje de la Cámara Internacional de Comercio de París, originariamente establecida en 1923. La cantidad de trabajo continúa creciendo y actualmente recibe más de quinientas solicitudes de arbitraje cada año de cualquier lugar del mundo. Otras instituciones europeas de arbitraje establecidas hace tiempo, tales como la Corte de Arbitraje Internacional de Londres y el Instituto de Arbitraje de la Cámara de Comercio de Estocolmo han seguido prosperando, pero se les ha ido uniendo un número siempre creciente de nuevas instituciones de otras regiones del planeta. La Comisión Internacional de Arbitraje Económico y Comercial de China (CIETAC), establecida en 1956, es ahora el centro de arbitraje más activo del mundo, en términos de número de casos ya que no de su importancia, y entre las demás instituciones regionales de éxito hay que mencionar el Centro Regional de Arbitraje Comercial

por ejemplo, de los procedimentos normativos que tienen como origen las prácticas mercantiles adoptadas por las empresas transnacionales en la economía mundial). La norma vigente en el país, con sus conceptos jurídicos construídos por la tradición dogmática tales como soberanía, legalidad, validez, jerarquía normativa, seguridad y certezas jurídicas, no se condice con la realidad del mundo de los negocios, en gran parte,

> Internacional de El Cairo, establecido en 1979 y el Centro de Arbitraje Internacional de Hong Kong, en 1985. Los anuncios de apertura de nuevos centros de arbitraje o Resolución Alternativa de Disputas («ADR») aparecen de forma regular. En la práctica, el arbitraje ha entrado en lo que ha venido a describirse como una «... era competitiva...». Los Estados han modificado su legislación nacional y las instituciones han revisado sus normas para asegurarse de que continuarán atrayendo el gran negocio del arbitraje. La competencia entre las firmas de abogados para obtener una mayor porción de la tarta del arbitraje es mayor que nunca. Se ha creado una floreciente industria de compañías que organizan una amplia gama de conferencias, reuniones y seminarios o que publican libros y revistas en relación con el arbitraje. Hay una sutil competencia entre los árbitros para obtener su designación. Tal y como ya se ha dicho antes «... puede entonces afirmarse que la competencia forma parte del hábitat natural del arbitraje globalizado...». Ha surgido además recientemente un sector con connotaciones marcadamente radicales de grupos de protesta, normalmente con una estructura y un liderazgo más opacos, organizado a través de Internet, opuesto a la globalización y que ha protestado de viva voz e insistentemente. Estos grupos han elegido como blanco y boicoteado las conferencias internacionales relacionadas con el comercio tanto en Europa como en los Estados Unidos. Este breve examen de la globalización y del arbitraje internacional no resultaría completo sin mencionar el fracaso del Acuerdo Multilateral de Inversiones («AMI»). La negociación del AMI bajo los auspicios de la OCDE se inició en 1995 y su objetivo consistía en «... proporcionar un amplio marco multilateral de inversión internacional con altos estándares para la liberalización de regímenes de inversión y de protección a la inversión, con disposiciones efectivas para el arreglo de diferencias...». El borrador AMI estipulaba el arbitraje tanto Estado a Estado como inversor-Estado. CREMADES, Bernardo M. Arbitration in Investment Treaties: **Public Offer of arbitration in Investment Protection Treaties** at BRINER, FORTIER, BERGER and BREDOW (eds.), Law of International Business and Dispute Settlement in the 21st Century (Liber Amicorum Karl-Heinz Böckstiegel) (Carl Heymanns Verlag KG, Köln, Berlín, Bonn, München, 2001), 149-164; Jan PAULSSON, «Arbitration Without Privity», (1995) 10 ICSDI Review-Foreign Investment Law Journal, 232-257. CREMADES, Bernardo M.; CAIRNS, David Já. **El arbitraje en la Encrucijada entre la globalizacion y sus detractores**. Diario La Ley, N° 5538, Sección Doctrina, 7 de Mayo de 2002, Año XXIII, Ref. D-123, pág. 1628, tomo 4, Editorial LA LEY. LA LEY 2089/2002

ocasionando, de esa manera, perjuicio a las empresas, así como en cualquier relación entre personas.

Se actúa de forma cómoda y conservadora, por desconocer o prejuzgar, cualquier otro medio que pueda suplir las necesidades impuestas por la realidad de los hechos.

Algunas veces, cuando es resuelto el litigio en el Poder Judicial, no siempre las partes litigantes están, de hecho, satisfechas con el resultado, pudiendo incluso surgir otros conflictos derivados del primero, lo cual se convierte en un círculo vicioso, donde nada será solucionado de manera definitiva y, cada vez más, todos se convierten en esclavos de ese sistema ya superado.

Resulta necesario resaltar que en este nuevo orden global, los problemas internacionales son más evidentes y tan importantes como los nacionales, pues además del Derecho Interno y del Derecho Internacional Público, se ve en gran expansión el llamado *Derecho Comunitario*, el cual es supranacional, incorporándose, al mismo tiempo, a los derechos nacionales con aplicabilidad directa – inclusive, conforme al caso, sin que exista recepción formal, lo que transciende las cuestiones relativas a disputa de soberanía. Tal soberanía, a su turno, es puesta en jaque, así como la centralización normativa, por la formación de un centro de poder que es el mercado transnacional. En función a eso, las normas constitucionales están perdiendo espacio frente a los nuevos esquemas regulatorios y a las nuevas formas organizacionales e institucionales supranacionales.

Con la disminución del espacio de fronteras, debido a la globalización y el proceso fugaz de la tecnología, el flujo de comunicación entre las personas se hace de forma más rápida, principalmente para quienes actúan en el mercado de capitales, los cuales no pueden perder ni siquiera un minuto, ya que los llevaría, como consecuencia de ello, a perder miles de negocios, es decir, millones y hasta billones de Reales ("R$"), como resultado de un proceso judicial que no culmina. Bajo esta misma óptica surgen situaciones en las que la idea de un sistema económico nacional auto-sustentable pasa a ser vista como anacrónica.

En el mundo de los negocios los cambios son necesarios y válidos, teniendo en cuenta varias alteraciones ocurridas en un corto espacio de tiempo. Ser audaz es implementar sistemas más modernos y eficientes, que llevan a la empresa a obtener un lucro cada vez mayor. Frente a este hecho, no solamente el jurista, si no también la formación académica de los profesionales del derecho vienen mostrándose apáticos y ciegos a estas transformaciones.

Además, instituciones del mercado de capitales vienen invirtiendo cada vez más en la implementación de la Gobernanza Corporativa, teniendo a la vista las innumerables ventajas que ella proporciona a la empresa. Una de esas ventajas es la utilización del arbitraje, el cual es un método extrajudicial de resolución de conflictos – además de la Mediación y la Conciliación. Se trata de un instituto en que un tercero o más de uno (siempre en número impar) solucionan el conflicto entre dos personas o más – sean ellas naturales y/o jurídicas, privadas y/o públicas, actuando como instancia jurisdiccional, de acuerdo con lo estabelecido contractualmente.

Por otro lado, teniendo en mente el ambiente europeo, lo que se verifica en aquel espacio es la presentación de un conjunto de reglas bastante severas y restrictivas. Lo cual no significa, bajo ningún concepto, anticuado. En verdad, el mercado financiero en Europa es guiado por un conjunto de princípios y disposiciones representadas por un instrumento legal denominado Directiva por la Unión Europea. Actualmente, el instrumento que de mejor manera orienta y reglamenta el mercado es la Directiva 2014/65/UE del Parlamento Europeo.

Producto de otras directivas, la 2014/65/UE refleja la evolución de la comunidad en aquel continente, tomando en consideración el desarrollo y los pasos de la sociedad y del propio mercado.

El mercado financiero en Europa, a partir de la Directiva 2014/65, adoptó normas que se parecen mucho a aquellas observadas en Brasil, desde el punto de vista de la obligación de la inclusión de mecanismos de control que se relacionan con las prácticas de gobernanza corporativa vistas en el território brasilero, específicamente en la Bolsa de Valores de São Paulo, por ejemplo B3. Es muy cierto que la gobernanza corporativa presenta caracteristicas y requisitos que no son, solamente, aquellos que tratan de protocolos de control interno y externo, sino, también, aquellos que fundamentan el diálogo entre los sectores de la entidad para, finalmente, alcanzar el objetivo último de la gobernanza corporativa, que viene a ser la valorización de la empresa.

Así, la Directiva, con sus mandatos, también tiene como objeto un mercado más saludable y equilibrado y, por último, el mismo instrumento, expresamente, promueve la utilización por parte de los agentes económicos de medios extrajudiciales de solución de controversias, procedimiento obligatorio en el mercado financiero de São Paulo, en ciertos casos.

Al fin y al cabo, los mercados financieros de Europa y de Brasil presentan caracteristicas similares, que contienen aspectos de modernidad en sus preceptos.

Sucede que eso, por sí solo, no es suficiente. En verdad, bajo la premisa de un análisis más profundo, que deje de lado una mirada únicamente mecánica y analítica, que se aproxime a las posiciones más *xiitas* y cartesianas, es necesario ir más a fondo en la observación. Es importante dejar de lado la mirada de soslayo para ver con más claridad lo que también hay de interesante en la diversidad de conflictos que existen en el mercado financiero, sea el mercado brasilero, el español o el europeo.

Se debe notar en ambos ambientes financieros, en la hipótesis de uso del arbitraje o de cualquier otro medio extrajudicial de solución de conflictos, que no se trata específicamente de dinero, tiempo y de riqueza, siendo que la discusión más sustancial debería ser la disputa de poder o la disputa, antes que nada, por el poder. Así es. Es incluso interesante encaminar el debate por un sinuoso sendero, aún cuando no sea en aspectos menores, en relación a aquello que de hecho mueve al individuo que se desplaza por las vías del universo financiero. Esto lleva al estudioso a percibir los aspectos psíquicos que orientan las elecciones de la persona, poniéndolas en jaque justamente porque, actualmente, cada vez más las personas – dentro o fuera del ambiente financiero -, buscan otros fines que no se limitan al dinero o a la riqueza, más sí, en verdad, la felicidad, la salud y el amor.

Esto proporciona la medida de cómo el inversor, cuando vive conflictos en el ambiente financiero, en verdad, más que la riqueza proveniente de su actividad en el mercado, tiene como objetivo el ideario de poder concomitante al éxito presente en esa circunstancia.

El proceso de globalización económica está trayendo una gran cantidad de casos al Poder Judicial, exacerbado en gran medida por la crisis de 2008/2009[2], pero mucho también por la falta de información a los in-

---

2 La reciente crisis financiera ha tenido una incidencia significativa y desfavorable en los resultados financieros de las sociedades, trayendo muchos conflictos para satisfacer la remuneración a sus accionistas o inversores. Con la finalidad de lograr este objetivo, entre las sociedades cotizadas en el Sistema de Interconexión Bursátil Español (SIBE) y, especialmente, entre las sociedades integrantes del Ibex 35, se ha generalizado la utilización de *Scrip Dividends,* o sea, una fórmula de remuneración al accionista importada del Derecho anglosajón y que permite al accionista adaptar las retribuciones

versores sobre qué se vienen estructurando los papeles. La gran cuestión permanece en torno a la seguridad y la emoción que genera el mercado a aquellos que apuestan en este tipo de papeles como inversión, no como ahorro.

Por lo tanto, es necesario atenerse a mecanismos más ágiles y con más expertise en este mercado, en donde lo primordial será la confianza que exista entre sus actores, por ello, y sobre la base de la Directiva de la EU, se hará una propuesta de uso del arbitraje en este escenario, inclusive, dentro de la gobernanza corporativa a ser tratada en este trabajo.

---

a sus diferentes necesidades y circunstancias individuales, dentro de ellas se puede citar: Banco Santander, Iberdrola, BBVA, Banco Popular, Gamesa, Fenosa – Gas Natural, Bankinter, Telefónica y Repsol. Sobre esta materia: ALONSO UREBA, A. y RONCERO SÁNCHEZ, A. **Los programas de remuneración del accionista vinculados a la entrega de acciones (***scrip dividends***) y el cómputo del dividendo mínimo como presupuesto de la retribución de los administradores basada en beneficio**, Rds, n. 41, 2013, pp. 383-396; IRIBARREN BLANCO, M. **Los dividendos electivos o scrip dividendos**, RDM, n. 284, 2012, pp. 141-180; ARAGÓN TARDÓN, S. **Singularidades de los scripts** *dividends* **como nueva tendencia de retribuición a los accionistas**, RMV, n. 13, 2013, pp. 123-140 y TARDON, Susana A. **Seis años de scrip dividends en el IBEX 35 (2009-2015)**, RDBB, 142, pp. 181 – 196, 2016. **Las sociedades no hacen la remuneración en efectivo y sí en acciones.**

2
DE LA GOBERNANZA CORPORATIVA

Debido al fuerte crecimiento del mercado de capitales, en los países desarrollados y en desarrollo, creció la preocupación sobre la forma de representación y defensa de los intereses de los inversores institucionales en todos los mercados de capitales, considerando los enormes montos involucrados. De esta forma, surgió la Gobernanza Corporativa, en los Estados Unidos y en Inglaterra, cuyo objetivo es incluir asuntos relacionados al poder, control y dirección de la empresa, relativos a la esencia de las sociedades comerciales.

Sin embargo, la existencia de Gobernanza Corporativa no condiciona el éxito de la empresa, si se trata de un negocio bien administrado, con calidad y lucro, con la implementación de la equidad entre los inversores. La Gobernanza Corporativa está enfocada en la valorización de la empresa, sin embargo no la garantiza por sí misma.

Según el Código de Mejores Prácticas de la Gobernanza Corporativa, el gran objetivo de esta es aumentar el valor de la sociedad; enaltecer su desempeño; viabilizar con más facilidad el acesso al capital, a costos más bajos y contribuir a su existencia. En la UE existe una norma sobre los mercados e instituciones financieras basada en la Directiva 2014/65/EU (MIFID II).[3]

Como principios del dogmatismo en los dos continentes, existen los siguientes: (i) transparencia, que em la práctica consiste en la idea de "existe más que informar, el deseo es informar de manera espontánea, franca y rápida". Además de éste, existe el (ii) princípio de equidad, que se sustenta en la lógica que debe ser considerado el tratamiento justo e igualitário de todos los grupos, independientemente de cualquier jerarquía y sin ningún tipo de discriminación. Luego, también se sustenta en la (iii) "rendición de cuentas" (los agentes de la Gobernanza Corporativa, además de la rendición de cuentas ante quién los eligió, responden, también, por todos los actos inherentes al ejercício de su mandato); y (iv) responsabilidad corporativa (de los ejecutivos y de los consejeros; contempla todas las relaciones con la comunidad en la cual la empresa actúa, como el contexto de los negócios en relación a factores sociales y ambientales, como por ejemplo, el ambiente laboral).

Como consecuencia de esta política, la Governança Corporativa viene creciendo a larga escala durante los últimos diez años en todos los países del mundo. En Brasil, en particular, comenzó a surgir para atraer

---

3   El 16.11.2017 fue implementada la aplicación del MIFID II y de la MIFIR en el territótio español, habiendo sido actualizada el 23.3.2018 en favor de la transparencia del mercado.

capitales y matrices de financiamento para el mercado empresarial, que fue acelerado por efecto de la globalización y las contribuciones de las empresas estatales brasileras que ingresaron al mercado de valores.

Hoy, diversos organismos e instituciones internacionales – entre ellos el G7 y el OCDE (Organización para la Cooperación y el Desarrollo Económico), el Banco Mundial y el FMI – otorgan preferencia a la Gobernanza Corporativa, estimulando, consecuentemente, su adopción práctica en escala internacional.

Además, la prestigiosa McKinsey & Co[4] realizó, ya en el año 2000, una investigación en conjunto con el Banco Mundial, en la que se evidenció:

> En junio de 2000, **Mkinsey & Co**, conjuntamente con el Banco Mundial, realizó una investigación ("Investors Opinon Survey"), con inversores, representando un total de cartera superior a US$ 1.650 billones, destinada a detectar y medir eventuales incrementos del valor de las compañías y medir eventuales incrementos de valor de las compañías que adoptasen buenas prácticas de gobernanza corporativa. Se constató que los inversionistas pagarían entre 18% a 28% a más por acciones de empresas que adoptasen mejores prácticas de administración y transparencia. Algunas otras de las conclusiones de esa investigación fueron:
> - los derechos de los accionistas fueron clasificados como la cuestión más importante de la gobernanza corporativa de América Latina;
> - tres cuartos de los inversores señalan que las prácticas del consejo de administración son, al menos, tan importantes como la performance financiera al momento de evaluar a las compañías para efectuar inversiones. En América Latina, casi la mitad de los correspondientes considera que las práticas del consejo de administración son más importantes que la performance financiera;
> - En América Latina y en Ásia, en donde los informes financieros son limitados y frecuentemente de mala calidad, los inversores prefieren no confiar únicamente en números. Ellos creen que sus inversiones estarán más protegidas por compañías con buena gobernanza corporativa que respete los derechos de los accionistas;
> - No es extraño que la calidad de la administración de la compañía sea más importante que cuestiones financeiras en las decisiones sobre las inversiones[5] (la traducción es nuestra).

---

4 La empresa norte americana Mckinsey & Company es una de las empresas líderes mundiales en el mercado de consultoría empresarial.

5 Fuente: Instituto Brasilero de Gobernanza Corporativa (http://www.ibgc.org.br/home.asp).

A partir del anterior análisis etnográfico, se destacará de que manera se estimula el uso de las prácticas de Gobernanza Corporativa.

2.1. EL ESTÍMULO AL USO DE LAS PRÁCTICAS DE GOBERNANZA CORPORATIVA

A pesar del hecho que los datos señalan un período más distante, en rigor y en la práctica, los datos evidencian un escenario que recién se consolidó, después.

En Brasil, el Instituto de Gobernanza Corporativa – IGBC, la Bolsa de Valores del Estado de São Paulo – (antigua Bovespa, después BM&F Bovespa, atual B3) y, ahora, la Anbima[6] (Asociación Brasilera de las Entidades del Mercado Financiero y de Capitales) vienen estimulando el empleo de esta política, que genera un conjunto de prácticas cuyo objetivo es mejorar la entrega de información a los inversores.

El mercado de capitales, las empresas, los inversores y la prensa especializada ya desde hace mucho tiempo utilizan, habitualmente, la Gobernanza Corporativa y el mayor responsable por eso fue el IGBC, con su Código de las Mejores Prácticas de la Gobernanza Corporativa"[7][8].

La entonces BM&F BOVESPA (actual B3) hizo su contribución elaborando la implementación de niveles de Gobernanza Corporativa, los

---

6 La Anbima (Asociación Brasilera de las Entidades del Mercado Financiero y de Capitales) consiste en el órgano que sustituye a la antigua Anbid (Asociación Nacional de los Bancos de Inversiones).

7 "Gobernanza Corporativa es el sistema por el cual las sociedades son dirigidas y monitoreadas, incluyendo las relaciones entre acionistas, Consejo de Administración, Directoría, Auditoría Independiente y Consejo Fiscal. Las buenas prácticas de gobernanza corporativa tienen la finalidad de aumentar el valor de la sociedad, facilitar su acesso al capital y contribuir para su existencia".

8 "Es un sistema por el cual las sociedades son gestionadas a partir de la relación entre sus accionistas, consejo de administración, directoría, auditoría independiente y consejo fiscal. Buenas prácticas de gobernanza corporativa tienen la finalidade de aumentar el valor de la empresa, facilitar su acesso al capital y contribuir para su su existencia". Contenido extraído del material "Introduçao ao Mercado de Capitais", de autoría de BM&F BOVESPA/B3. Disponible en www3.eliteccvm.com.br/novo/upload/.../62c57d602a2e086c-caa.pdf. Acceso en 26/12/2017.

cuales adoptan prácticas, en larga escala diferenciada y mayor, siendo, respectivamente, aquellos a los que se refieren los niveles 1, 2 y nuevo mercado, como sigue:

- El **Nivel 1** emplea un sistema de mejoras en la entrega de información al mercado y con la dispersión accionária[9].

- En el **Nivel 2**, además de todas las obligaciones contenidas en el Nivel 1, la empresa y sus controladores adoptan un conjunto mucho más amplio de prácticas y de derechos adicionales para los accionistas minoritarios, inclusive la adopción del Arbitraje[10].

Por último, el **Nivel Nuevo Mercado** es: "un segmento de listado destinado a la negociación de acciones emitidas por empresas que se comprometen, voluntariamente, a la adopción de prácticas de gobernanza

---

9   Principales prácticas según el Reglamento del Nivel 1 de Gobernanza Corporativa de la BM&F BOVESPA/B3: mantenimiento en circulación (*free float*) de un porcentaje mínimo de acciones, representando 25% del capital, realización de ofertas públicas de colocación de acciones a través de mecanismos que favorezcan la dispersión del capital; mejora en las informaciones proporcionadas trimestralmente, entre las cuales la exigencia de consolidación y revisión especial; cumplimiento de reglas de *disclosure* en operaciones que involucran activos de emisión de la compañía por parte de accionistas controladores o administradores de la empresa; divulgación de acuerdos de accionistas y programas de *stock options*; puesta a disposición de un calendario anual de eventos corporativos.

10 Principales prácticas según el Reglamento del Nivel 2 de la Gobernanza Corporativa de la BM&F BOVESPA/B3: mandato Unificado de 1 año para todo el Consejo de Administración y mínimo de 5 miembros; puesta a disposición del balance anual según las normas del US GAAP o IAS; extensión para todos los accionistas titulares de acciones ordinarias de las mismas condiciones obtenidas por los controladores, cuando se trate de la venta del control de la compañía y de 70% de este valor para los titulares de acciones preferenciales; derecho de voto a las acciones preferenciales; derecho de voto a las acciones preferenciales en algunas materias como transformación, constitución, escisión y fusión de la compañía, aprobación de contratos entre la Compañía y empresas del mismo grupo y otros asuntos en que pueda haber conflicto de intereses entre el controlador y la compañía; obligatoriamente realización de una oferta de compra de todas las acciones en circulación, por el valor económico, en las hipótesis de cierre del capital o cancelación del registro de negociación en este Nivel 2; adhesión a la Camara de Arbitraje para la resolución de conflictos societarios.

corporativa y transparencia adicionales, en relación a lo que es exigido por la legislación" (Reglamento de BM&F BOVESPA/B3) que también se adoptan un conjunto de reglas a ser seguidas por la empresa que la incorporó, inclusive el Arbitraje"[11].

2.2. EL CÓDIGO DE AUTO-REGLAMENTACIÓN DE LA ANBIMA

Finalmente, el Código de Auto-Reglamentación de la Anbima para ofertas Públicas de Distribución y Adquisición de Valores Mobiliários[12] también trae la Gobernanza Corporativa como parte de la visión de las Instituciones Participantes de las Ofertas Públicas en el incentivo a las Emisoras para adherise a tal política administrativa, inclusive, siendo el mínimo nivel 1 de la B3, estimulándolas a adherir, cada vez más, al nivel más elevado – excepto en las Ofertas Públicas Secundárias, en que los ofertantes de los valores mobiliários no sean participantes del grupo de control de la compañía emisora de los mismos. Así, en caso la Emisora no haga parte de la Gobernanza Corporativa, tendrá el plazo de 6 meses para implementarla. Aún así, las Instituciones Participantes

---

11 Principales prácticas según el Reglamento del Nuevo Mercado y de la Gobernanza Corporativa de la BM&F BOVESPA/B3: Realización de ofertas públicas de colocación de acciones por medio de mecanismos que favorezcan la dispersión del capital; mantenimiento en circulación de um porcentaje mínimo de acciones representando 25% del capital; extensión para todos los accionistas de las mismas condiciones obtenidas por los controladores cuando se trate de la venta del control de la compañía (*tag along*); consejo de Administración com un mínimo de cinco miembros y mandato unificado de un año; puesta a disposición del balance anual siguiendo las normas del US GAAP o IFRS; introducción de mejoras en las informaciones proporcionadas trimestralmente, entre las cuales la exigencia de consolidación de los registros contables y de revisión especial por auditoría; obligatoriedad de realización de una oferta de compra de todas las acciones en circulación, por el valor económico, en las hipótesis de cierre del capital o cancelación del registro de negociación en el Nuevo Mercado; informar negociaciones que involucren activos de la empresa; presentación de los registros de flujo de caja, adhesión a la Camara de Arbitraje del Mercado para la resolución de conflictos societarios.

12 OPA – Oferta pública de adquisición.

deberán conducir el proceso de diligencia (*due diligence*)[13] relativo a las informaciones suficientes y precisas de los negocios y actividades de la Emisora, destinándolas a los inversores, observando las directrices del própio Código, inclusive de la reglamentación de la Comisión de Valores Mobiliarios – CVM. Además, deberá buscarse la segregación de las actividades del mercado de capitales y la adopción del Arbitraje siempre que sea posible, a fin de que sean resueltos los conflictos relativos a los contratos vinculados a Ofertas Públicas, así como buscar entendimientos de auditores y abogados. Además de eso, otro atributo destinado a las Instituciones Participantes, cuando son Coordinadores, es la elaboración de prospectos conteniendo una sección específica que describa las prácticas de Gobernanza Corporativa, de acuerdo a lo recomendado por el Código de Mejores Prácticas de Gobernanza Corporativa del IBGC, cuando ha sido adoptado por la Emisora.

---

13 Vide: GUILHERME, Luiz Fernando do Vale de Almeida. **Responsabilidade Civil do Advogado e da Sociedade de Advogados nas Auditorias Jurídicas.** Sao Paulo: Quartier Latin, 2005.

3
ARBITRAJE

Ya dijo Aristóteles, y volviendo al epígrafe de este ambicioso, humilde trabajo, que el hombre es un ser político por naturaleza, y por esa misma razón ha infundido ese hombre en sus vísceras la necesidad de vivir en sociedad y colaborar en la creación de las ciudades. Para ello, no obstante, son necesarias leyes que estabilicen el medio social y regulen los límites de cada uno de los indivíduos en esa sociedad creada.

El gran problema es que, a pesar de que vive en sociedad, por el propio hecho de que el hombre eventualmente compite con su semejante por los mismos bienes escasos, naturalmente se genera aquello que se acordó llamar "conflictos de interesses". A partir de ahí, a ser denominada *lide*, conocida en el universo jurídico, el camino es vedaderamente natural.

La idea del conflicto es de aplicación casi inherente al operador del derecho que se acostumbra, en los asientos de las universidades, a desde el inicio, estimular e inspirar su vena beligerante. El gran problema es que esa dogmática ciertamente ya ha sido saturada. Primero, porque el estímulo al conflcito genera, además de una sociedad más rabiosa y vengativa, el saturamiento de los foros, debido a la acumulación de procesos judiciales. Es como si no bastase, las sociedades que el hombre político eventualmente generó, no son obviamente las mismas: todo el conjunto social evolucionó y pasó por cambios, con la generación de nuevas demandas. El problema es que obviamente la ciencia jurídica está generalmente un paso atrás del desarrollo de las relaciones sociales, de las tecnologías y afines, y el reflejo de ello es un Poder Judicial menos capacitado técnicamente para dar las respuestas requeridas por las personas.

Por lo tanto, el Arbitraje no se presenta únicamente como una solución al problema del congestionamiento de procesos en el Poder Judicial, sino también como un remédio que convierte al conflicto más blando, pues la demora procesal en el Poder Judicial, la mayoría de las veces, en lugar de solucionar un problema, genera otros, prolongando la controversia además de aumentarla.

Por estas razones, el pasivo de la empresa, en lo que se refiere a su departamento legal, es cada vez mayor y de gran representatividad para la contabilidad final, incluso, porque los abogados, en los días actuales, trabajan sobre la base de metas. La empresa necesita, cada vez más, de un departamento jurídico menos oneroso, que a pesar de ello sea capaz actuar de manera eficaz en el ámbito de los medios alternativos de solución de conflictos, tales como el Arbitraje.

En relación a este asunto, es importante ofrecer algunas palabras sobre el concepto de arbitraje para que sirvan de resguardo a divagaciones subsecuentes, siendo cierto que las presentaciones de los ilustres doctrinarios que siguen coincidirán, sobre la definición del arbitraje, con el sugerido al final del capítulo introductorio de este ensayo. Siendo así, en palabras de José Maria Rossani Garcez, el arbitraje es:

> una técnica que apunta a solucionar cuestiones de interés de dos o más personas, físicas o jurídicas, sobre las cuales ellas pueden disponer libremente en términos de transacción y renuncia, por decisión de una o de más personas – el árbitro o los árbitros -, los cuales tienen poderes para así decidir por las partes por delegación expresa de estos, resultante de convención privada, sin estar investidos de estas funciones por el Estado[14]. (la traducción es nuestra).

Confirmando el comentario anterior, el autor José Eduardo Carreira Alvim conceptúa el arbitraje como siendo la "institución por la cual las personas capaces de contratar confian a árbitros por ellos designados o no la decisión de sus controversias relativas a derechos transigibles"[15].

Como remate doctrinario, el Profesor Charles Jarrosson, en su tesis de doctorado del año 1987, definió al arbitraje como "la institución por la cual un tercero resuelve el litigio que opone a dos o más partes, ejerciendo la misión jurisdiccional que le es conferida por las partes"[16].

Toda la estructuración de la institución arbitral involucra las principales células indicativas del derecho y del mundo jurídico[17]. Se fundamenta, como explican correctamente Modesto Carvalhosa e Nélson Eizirik[18]:

> en la autonomía de la voluntad, que constituye, en el plano de los derechos subjetivos, el poder de autoreglamentación o autodisciplina de los intereses patrimoniales. En el plano sociológico, la ontologia del instituto es la de

---

14 GARCEZ, José Maria Rossani. **Técnicas de negociação**. Resolução alternativa de conflitos: ADRs, mediação, conciliação e arbitragem. Rio de Janeiro: Forense, 1999, p. 84.

15 ALVIM. José Eduardo Carreira. **Comentário à Lei de Arbitragem** (Lei nº 9.307, de 23.09.1996). Rio de Janeiro, Lumen Juris, 2002, p. 14.

16 JARROSSON, Charles. **La notion d'arbitrage**. Paris, LGDI, 1987, nº 785.

17 GUILHERME, Luiz Fernando do Vale de Almeida. **Manual de arbitragem, mediação – conciliação e negociação**, 4. Ed., São Paulo: Saraiva, 2018, p. 44.

18 CARVALHOSA, Modesto; EIZIRIK, Nélson. **A nova Lei das Sociedades Anônimas**, São Paulo: Saraiva, 2001, p. 180.

promover mejor distribución de justiça como consecuencia de la celeridad y profundidad técnica que el laudo arbitral puede traer a las partes que firmaron el convenio (la traducción es nuestra).

Al mismo tiempo, a pesar que el Arbitraje ofrece muchas ventajas que a continuación se mencionarán, aún existe en Brasil cierta resistencia en cuanto al uso del instituto, producto de algunos factores, siendo el principal de ellos el preconcepto contra el mecanismo. La razón de esto tiene relación con cierto conservadurismo desde hace mucho tiempo observado en el ambiente jurídico brasileiro, a pesar que al final del siglo pasado fue formalizada la implementación de una norma que reglamentó el Arbitraje en el país.

3.1. BREVE RESUMEN HISTÓRICO HASTA LA INSTITUCIÓN DEL ARBITRAJE EN BRASIL

Los primeros registros sobre el arbitraje se remontan a la civilización babilónica, aproximadamente 3000 (tres mil) años antes de Cristo. Ya en aquel momento cuando ocurría una controversia entre las personas, las formas de solución pasaban por medios privados. Entre tanto, la marca indeleble era que la resolución se daba por medio de la autotutela, es decir, la "justicia por las propias manos".

Naturalmente, los caminos de la época, dentro de esa línea, lejos pasaban de una justicia propiamente dicha. No fueron pocas las veces en que el caso concreto, llevados a una solución totalmente rudimentaria eran causa de un mayor distanciamento, en lugar de una resolución equilibrada.

Bastante más adelante, ya en la Edad Media, teniendo como contexto la figura de un Estado incipiente que en la época regía, entre barones, proprietarios feudales y caballeros, era regular y normal la utilización da una iniciativa de ámbito privado que buscaba alejar conflictos bélicos. En la época, el Estado no tenía la fuerza de otrora, aumentaban los conflictos religiosos y la legislación no era lo suficientemente incisiva, estimulando la presencia de una forma de justicia de carácter privado.

Bien, en Brasil los primeros relatos de uso de algo semejante al arbitraje actual se dieron en la Constituición de 1824, que en su artículo 160 señalaba que "en las civiles, y en las penas civilmente pretendidas, podrán las partes nombrar jueces árbitros. Sus sentencias serán ejecutadas sin recurso, si así lo hubieren acordado las mismas partes". Poco depués, en 1850, el extinto Código Comercial trataba del arbitraje compulsorio para cuestiones de naturaleza mercantil. En las cuestiones involucrando el territorio de Acre, de propriedad del Estado boliviano, también fue utilizado el mecanismo.

Ocurre que se dio un hiato, una elemental laguna a mediados del siglo XIX y final del siglo pasado. Es verdad que en ese tiempo intermedio existieron esfuerzos para llevar a la práctica la institución del Arbitraje en el país, principalmente con los defensores del instituto, buscando crear una norma arbitral positiva. Sin embargo, a pesar de los esfuerzos, una ley que tratase objetivamente de esta temática, de forma autónoma, era siempre impedida por aquellos contrarios al instituto, bajo la premisa de que se estaría usurpando del Estado función que le cabía históricamente, sin que el procedimiento que lo sustituiría tuviese el mismo amparo y capacidad legal observada en la via judicial.

En efecto, discusiones se acumularon principalmente en la década de los años de 1980 y al menos un anteproyeto no fue aprabado poco antes de la transformación en norma. El hecho de haber ocurrido el *impeachment* del entonces Presidente de la República, Fernando Collor de Mello, contribuyó con la suspensión de los debates. Solamente en el año 1996, después de diversas alteraciones al nuevo proyecto de ley, la norma de Arbitraje, Lei nº 9.307, fue de hecho aprobada.

Ocurre que, en estricto, una importante consideración se hace presente, pues la última y actual Constitución Federal de Brasil, del año 1988, destacó la *jurisdicción* como prerrogativa exclusiva del Estado. Autores y autoras, como Ada Pelegrini Ginover, destacó en la época que "la jurisdicción es una de las funciones del Estado, mediante la cual este se sustituye a los titulares de los intereses en conflicto para buscar la pacificación del conflicto que los vincula con la justicia"[19].

Eso es lo que se tuvo desde la Constitución Federal de 1988, pasando por la promulgación de la Ley de Arbitraje en 1996, hasta el año 2001, siendo aún un clima de cierta inestabilidad, en la medida en que las fuerzas opuestas a la implementación del arbitraje clamaban de forma contraria y, por otro lado, los defensores del instituto, aún con una ley reguladora y protectora, *pisaban en suelo movedizo,* en cierta medida.

19　GRINOVER, Ada Pellegrini; DINAMARCO, Cândido; CINTRA, Antonio. **Teoria Geral do Processo.** 23ª ed. São Paulo: Malheiros Editores, 2007, p. 145.

Entonces, un significativo episodio ocurrió justamente en el año 2001, cuando el Supremo Tribunal Federal (STF), en sede de juzgamiento de constitucionalidad de la ley arbitral, la declaró constitucional y sin vicios. Según el STF, la manifestación de voluntad de las partes en la cláusula compromissória, en el momento de la celebración del contrato, no ofende el principio del no apartamiento de la jurisdicción[20], pues los involucrados deben optar libremente por este instituto.

Todos estos acontecimientos vinculados al arbitraje, además de poner fin a la discusión y resultar en la plena aplicación del instituto, estimularon asimismo otra alteración: esa, en plena Enmienda Constitucional nº 45 del año 2004, que trajo una nueva lectura del principio de acceso a la jurisdicción, principalmente en lo referido al Estado-juez, pasando a ser aceptada una interpretación distinta de este principio, más amplia e inclusiva.

3.2. LAS VENTAJAS DEL ARBITRAJE

A pesar de haber sido la Ley nº 9.307 de 1996 promulgada bajo una perspectiva moderna y eficiente, aún existe dificultad para utilizar el arbitraje en nuestro país, ya que algunos temen que el arbitraje los retire del mercado de trabajo. Ninguna de estas alegaciones es plausible, teniendo en cuenta que el Arbitraje se limita a derechos patrimoniales disponibles. Además, es esencial la presencia de abogado en el arbitraje, pues es él quien va a incorporar en todo el proceso arbitral sus conocimentos

---

20 El principio del no apartamiento de la jurisdicción, tambien conocido como el principio de no apartamento del control jurisdiccional, expuesto en el artículo 5º, en su inciso XXXV, significa, en último análisis, que la ley no excluirá de la apreciación del Poder Judicial lesión o amenaza al derecho". Destaca también Eduardo Arruda Alvim que "no es pues posible apartarse. En el ejercicio de ese control, el juez buscará siempre resolverlo a la luz del derecho aprobado por el Estado, o sea, por la pauta de valores que fue transformada en conductas consideradas legítimas por el derecho, de una parte, y, de otro lado, habrá que excluir las conductas consideradas ilegítimas por el propio derecho". ALVIM, Eduardo Arruda. **Direito Processual Civil** – teoria geral do processo, processo de conhecimento, juizados especiais cíveis, ações coletivas, repercussão geral no recurso extraordinário, 3ª ed., revisada y ampliada. São Paulo: Editora dos Tribunais, 2010, p. 124-125. GUILHERME, Luiz Fernando do Vale de Almeida. *Op.Cit.*, Saraiva, 2018, p. 32 e ss.

técnico - jurídicos interdisciplinares, desde la elaboración del contrato hasta el período pós laudo arbitral, todo ello indispensable en cualquier negocio que una empresa lleve a cabo.

Al contrário de lo que ocurre en Brasil, por ser el arbitraje un método de solución de conflictos muy eficiente, su uso viene creciendo largamente en los países desarrollados. En los contratos internacionales, la preferencia de la comunidad internacional es optar por el Arbitraje, el cual es utilizado en casi el 100% (cien por ciento) de los conflictos que surgen en esos países.

Entre las ventajas que otorga el Arbitraje, a diferencia de los procesos judiciales, se pueden señalar en sentido amplio las siguientes:

- menor plazo para la emisión del laudo arbitral: plazo máximo de 90 (noventa) días para los casos específicos (previstos en la ley) y 180 (ciento ochenta) días para los demás casos; en caso de excederse de este plazo el laudo será considerado nulo[21].

- mayor fluidez en el mercado de capitales – los inversores no se perjudicarán con la larga demora de la justicia ordinaria, debido a la celeridad del proceso arbitral.

- confidencialidad: ninguno o bajo impacto en la comunidad comercial a la que las empresas pertenecen; el proceso arbitral es conducido con privacidad y considerando la confiabilidad de todos los que lo integran, no estando permitida la publicidad de los hechos y documentos contenidos en el; el proceso arbitral transcurre únicamente en presencia de las partes y de los árbitros;

- economía: tanto a largo plazo como a corto plazo, los costos generados durante el proceso arbitral son, significativamente, menores;

- especialización de los árbitros: éstos tienen conocimiento específico en la materia en cuestión, no necesitando, por lo tanto, de pericia. Es la certeza de que el conflicto fue solucionado por una persona especializada[22].

---

21 Debe resaltarse que la Ley nº 13.129 de 2015, que modificó en parte la Ley nº 9.307/1996, introdujo el § 2º al artículo 23 de la Ley de Arbitraje. La referida modificación otorgó a las partes, conjuntamente con el o los árbitro (s), la posibilidad de prorrogar el plazo para la emisión del laudo arbitral. La ley arbitral de España es la Ley 30/1992.

22 Una de las características más marcantes del arbitraje consiste en la especialización que acompanha al instituto. Conforme señalé, "eso se dá porque en el arbitraje las partes, por medio de la autonomía de sus voluntades,

- flexibilidad: las partes podrán nombrar, siempre en número ímpar, al árbitro, eligiendo el que les inspire mayor confianza y el más especializado para resolver aquel tipo de controversia. Decidirá las controversias surgidas de aquel contrato, así como harán la elección de la norma e idioma que deberán ser utilizados, la entidad y su reglamento, que será la sede y que administrará el proceso arbitral;

- exención y neutralidad: existe la posibilidad de seleccionar el local en que será realizado el proceso arbitral, considerando el área de influencia del domicílio de las partes, así como de la ejecución del contrato;

- cumplimento efectivo del laudo arbitral: El número de cumplimentos de laudos arbitrales, espontáneamente, es mucho mayor que el de las sentencias judiciales, ya que finalmente, el nivel de confianza de las partes en el Arbitraje iniciado es bastante alto.

3.3. METODOLOGÍA ADOPTADA POR LA BM&F BOVESPA/B3

Una de las soluciones encontradas por la BM&F BOVESPA/B3 para proteger a los inversores fue la adecuación de las empresas abiertas a la metodología de la gobernanza corporativa.

Existen tres niveles de gobernanza corporativa, que ya fueron mencionados anteriormente, los cuales dependen del grado de compromiso adoptado por la empresa: "1", "2" y el Nuevo Mercado.

Para ilustrar el grado de transparencia de las empresas, que se comprometieron con la política de gobernanza corporativa, las compañías de Nivel 2 y del Nuevo Mercado son obligadas a adherirse a la Cámara de Arbitraje de la propia BM&F BOVESPA/B3 para dirimir los conflictos societarios, a la vez que la compañía de Nivel 1 no necesita adoptar tal

---

seleccionan al tercero ajeno a la disputa para dirimir el conflicto que los alcanza. Eso quiere decir que naturalmente esa selección lleva en consideración vários aspectos, y uno de los más relevantes viene a ser el hecho que ese tercero ajeno a la disputa es dotado de conocimientos específicos relativos a la materia objeto de controverisa. Así, lo que se tiene es un tercero – en este caso, el árbitro –, con la expertise para apreciar aquel caso, otorgando más seguridad y confiabilidad a las partes". (GUILHERME, Luiz Fernando do Vale de Almeida. **Manual de Arbitragem e Mediação, Conciliação e Negociação** – de acuerdo con el NCPC, modificación de la Ley nº 9307/96 y Ley de Mediación. São Paulo: Saraiva, 2018, p. 140.

medida, propiciando una mayor confianza de los inversores en la empresa, considerando la transparencia de la administración y valorizando los activos de ésta.

Como ha sido dicho, las compañías del Nivel 2 y del Nuevo Mercado están obligadas a someterse al reglamento de la Cámara de Arbitraje del Mercado, o sea, el proceso de arbitraje será utilizado por esas empresas para dirimir y solucionar controversias en materias relativas: a la Ley de las SAs (cite modificación n° 10.303/2001), a los Estados Sociales de las compañías, a las normas aprobadas: por el Consejo Monetario Nacional, por el Banco Central de Brasil y por la Comisión de Valores Mobiliarios ("CVM"), de los reglamentos de la BM&F BOVESPA/B3 y de las demás normas aplicables al funcionamiento del mercado de capitales en general.

Los participantes de la Cámara de Arbitraje del Mercado - Cámara constituída por la BM&F BOVESPA/B3, Compañías abiertas del "Nuevo Mercado" y del Nivel 2, Controladores de las Compañías, Administradores, Miembros del Consejo Fiscal, Inversores y Accionistas (todos vinculados a Compañías listadas en el Nivel 2 y en el Nuevo Mercado). Para participar deberán estar conformes con el reglamento de la Cámara y suscribir los términos de audiencia, que implica vinculación obligatoria a la cláusula compromisoria y obligación de suscribir el compromiso arbitral.

Sin embargo, existe una salvedad en el mercado de capitales brasilero: la gran resistencia de las empresas abiertas a adherirse al Nivel 2 y al Nuevo Mercado de la BM&F BOVESPA/B3 debido a la obligación de tener que renunciar a la morosidad de la Justicia común, en favor de la Cámara creada por la propia Bolsa brasilera.

Esta resistencia puede explicarse por ser el arbitraje un instituto desconocido por gran parte de la sociedad brasilera. No obstante, no busca el Arbitraje sustituir a la jurisdicción ordinaria, pero es un sucedáneo de ella en ciertas áreas, como en el mercado financiero, por ejemplo, por ser los árbitros especialistas en esta área tan específica, garantizando mayor rapidez en la solución del conflicto y finalmente, dando más transparencia al inversor, es decir, el arbitraje acaba otorgando mayor fluidez al mercado de capitales.

Tanto en el Reglamento del Nivel 2 de Gobernanza Corporativa y del Nuevo Mercado de la BM&F BOVESPA/B3, como el Código de Mejores Prácticas de Gobernanza Corporativa del IGBC y el nuevo Código de Auto-Regulación de la Anbima para Ofertas Públicas de Distribución y Adquisición de Valores Mobiliarios, incorporan el proceso arbitral para solucionar los conflictos generados en cualquier ámbito de la Sociedad. Además, debe notarse que todas estas reglas tienen vínculos entre sí, así como, por todos los caminos seguidos por la Sociedad, se llega al proceso arbitral. En ningún momento ellas se encuentran aisladas, considerando, asimismo que las instituciones Participantes incentivan a las Emisoras a la adopción de la Gobernanza Corporativa, a niveles cada vez más elevados, ellas tendrán que adherirse al Arbitraje para resolver sus controversias, preferencialmente de la Cámara de Arbitraje del Mercado, constituida por la BM&F BOVESPA/B3; así como el prospecto elaborado por la Institución Participante que debe elaborar un informe sobre las prácticas da Gobernanza Corporativa, adoptadas por la Emisora, las cuales deberán estar en los conformes según el Código del IGBC, el cual, a su turno, también adopta el Arbitraje como medio de solución de conflictos de la Sociedad.

3.4. DE LA CLÁUSULA ARBITRAL COMPROMISORIA

El Arbitraje se fundamenta en reglas y principios contractuales y, por tanto, deben seguirse algunas reglas señaladas en nuestro ordenamiento jurídico, convirtiéndola en figura formal, pues solamente bajo esa premisa se producen efectos jurisdicionles, al contrario de lo que ocurre con el Arbitraje informal, considerando la inobservancia de alguna de las reglas esenciales cautelares de los derechos de las partes, sin existir, por lo tanto, la garantía de la cosa juzgada y el valor de título ejecutivo del laudo condenatorio arbitral.

En el nuevo Código de la Anbima, de forma facultativa, por decir, expresamente, las Instituciones Participantes deberán SIEMPRE QUE SEA POSIBLE resolver sus conflictos por medio del Arbitraje, es decir, se le da preferencia al arbitraje, sin embargo no significa que sea um medio obligatorio[23]. Asimismo, en el Código del IGBC, tampoco existe obliga-

---

23 "Artículo 8º" – En las Ofertas Públicas realizadas en el mercado de capitales brasilero, las Instituciones Participantes deberán:

XI – adoptar el arbitraje siempre que sea posible, como forma de solución de conflictos relativos a contratos que se encuentren relacionados a la realización de Oferta Pública".

toriedad en el uso del Arbitraje, ya que señala que existe PREFERENCIA en su utilización, sin que sea obligatorio[24][25].

Entre tanto, como ha sido mencionado, la adhesión a los Reglamentos de Nivel 2 y Nuevo Mercado de Gobernanza Corporativa de la BM&F BOVESPA/B3 vincula, obligatoriamente, a la compañía, a la adopción de la Cámara de Arbitraje del Mercado. Se observa, en las cláusulas compromisorias de adhesión al Arbitraje, que el contratante se "COMPROMETE" a resolver cualquier divergencia en el ámbito societario por el proceso arbitral, de acuerdo con el Reglamento de Arbitraje[26]". Sin embargo, consta en el Reglamento de Arbitraje de la Cámara de Arbitraje del Mercado, de la BM&F BOVESPA/B3, que es posible, en cuanto al proceso arbitral, optar por otra Institución de Arbitraje, así como el nombramiento de otros árbitros que no sean únicamente aquellos registrados en su lista de árbitros. Además, el Reglamento no elimina la posibilidad que las partes recurran al proceso judicial, en caso sea necesario. Apesar de la obligatoriedad, en primer plano, al adherir a la Cámara de Arbitraje del Mercado, toda flexibilidad mencionada en su Reglamento no trae,

---

24 "1.9 Arbitraje

Los conflictos entre socios, y entre estos y la sociedad, deben ser resueltos preferencialmente por medio de arbitraje. Esto debe constar en el estatuto y en el compromiso a ser firmado individualmente, en sus propios términos".

25 En relación a este tema, también ya me posicioné en "Manual de Arbitragem e Mediação, Conciliação e Negociação", para destacar que nadie es obligado a someter cualquier asunto a arbitraje (art. 421 del CC), o sea, el arbitraje se rige por la autonomía de la voluntad de las partes, estructurada por la libertad de contratar de las personas. El instituto se produce meramente si las partes que mantienen el conflicto deciden pactar el arbitraje, sea de forma anterior al propio conflicto y por ello anticipando su posibilidad, determinando su uso; o sea en la hipótesis en que el conflicto ya surgió y los litigantes seleccionan al arbitraje como modo de solucionarlo. Vide: GUILHERME, Luiz Fernando do Vale de Almeida. **Manual de Direito Civil**, Barueri: Manole, 2016; GUILHERME, Luiz Fernando do Vale de Almeida. **Código Civil Interpretado e comentado**, 2. Ed., Barueri: Manole, 2017.

26 Sección III – Arbitraje

"13.1 Arbitraje. La BM&F BOVESPA/B3, las Compañías del Nuevo Mercado, sus Accionistas Controladores, sus Administradores y miembros del consejo fiscal se comprometen a resolver toda y cualquier disputa o controversia relacionada a este Reglamento por medio de arbitraje, en los términos del Reglamento de Arbitraje".

en segundo plano, la problemática del atropello de todos los derechos, incluso garantías fundamentales constitucionales de las partes. Ocurre únicamente que antes de iniciar un proceso judicial ellas tendrán que pasar por el proceso arbitral.

Tanto en el nuevo Código de la Anbima, como en el Código del IGBC, no existe referencia, en las respectivas cláusulas compromisorias, de que se adoptará obligatoriamente el proceso arbitral ni tampoco que el Reglamento a ser utilizado sea el de la Cámara de Arbitraje del Mercado, la cual, a su vez, acepta compañías que incorporaron la Gobernanza Corporativa. En forma distinta, en los Reglamentos del Nivel 2 de Gobernanza Corporativa y Nuevo Mercado de la BM&F BOVESPA/B3, existe el compromiso de uso del proceso arbitral, como consta en la cláusula, sin embargo, no estipula especificamente que ese compromiso sea también el de adherirse al Reglamento de la Cámara de Arbitraje del Mercado, excepto, Términos de Consentimiento de los Miembros del Consejo Fiscal del mismo Reglamento[27].

Sin embargo, esto no significa que las Instituciones Participantes, referidas en el Nuevo Código de la Anbima no puedan adherirse al Reglamento de la Cámara de Arbitraje del Mercado, por el contrário, en caso la compañía se adhiera a esa Cámara, los propios inversores se sentirán más protegidos y confiados.

En relación a los tipos de cláusulas se tiene las siguientes:

- cláusula blanca o vacía: apenas señala que será utilizado el arbitraje en caso de controversias referidas al contrato y nada más. Eso quiere decir que la cláusula desde el inicio prevee el uso del arbitraje, pero sin una definición clara de las reglas de juego,

> "de tal suerte que sus caminos se verán delineados justamente poco antes al momento de su instauración. La consecuencia de esa opción es que las partes deberán en seguida formalizar un compromiso arbitral.

---

27 Anexo D – Términos de Consentimiento de los Miembros del Consejo Fiscal
"(…) Se compromete asimismo el Declarante, de acuerdo con la Sección XIII del Reglamento de Prácticas Diferenciadas de Gobernanza Corporativa, a resolver toda y cualquier disputa o controversia relacionada a su condición de miembro del consejo fiscal y a la obligación antes asumida por medio de arbitraje, en los términos del Reglamento de Arbitraje de la Cámara Arbitral del Mercado constituida por la BM&F BOVESPA/B3.

Por lo tanto, ya con el conflicto surgido entre las partes, deberán ellas acordar todos los aspectos del proceso arbitral"[28].

- cláusula completa: es más completa y segura para las partes que adoptan el arbitraje, pues considera todos los detalles necesarios para su uso, sin dejar lagunas para interpretaciones equivocadas y de mala fe, tales como: elección de la norma a ser utilizada, un reglamento de proceso arbitral de una Institución de Arbitraje en particular e incluso el idioma. Las partes pueden designar uno o más árbitros de confianza, siempre sumando en total un número impar, siendo que uno, generalmente, es designado por los árbitros nombrados para presidir el proceso arbitral (esa es la llamada cláusula *ad hoc*). Pueden las partes también, designar una determinada Cámara de Arbitraje, a fin de que sea el local donde serán realizados todos los procedimientos arbitrales (esa es la llamada cláusula arbitral completa institucional).

Además, las partes pueden completar una cláusula arbitral sucesoria, a fin de que, en el caso de imposibilidad del árbitro nombrado de hacer parte del proceso arbitral de la propia Cámara de Arbitraje en caso ésta deje de existir, las partes puedan recurrir a ella, pudiendo nombrar, en segunda instancia, otros árbitros o Cámara, por ejemplo.

En España el arbitraje también es un medio heterocompositivo de resolución de conflictos que se fundamenta en la autonomía de la voluntad como valor superior del ordenamiento jurídico español, reconocido, inclusive, en la constitución (el art. 1.1. de la Constitución española establece que el estado de derecho propone como valor superior del ordenamiento jurídico la libertad), en donde el principio de la libertad fundamenta el poder de las partes para pactar.[29]

---

28   GUILHERME, Luiz Fernando do Vale de Almeida. **Manual de Arbitragem e Mediação, Conciliação e Negociação** – de acordo com o NCPC, alteração de Lei nº 9307/96 e Lei de Mediação. São Paulo: Saraiva, 2018, p. 167.

29   *Consiguientemente la justificación constitucional del arbitraje se encuentra*, (LORCA NAVARRETE, A. M., **Comentários a la nueva Ley de arbitrajes 60/2003**. San Sebatian: IVADP, 2004, p. 1) el principio de autonomía de la voluntad consagrado en el artículo 1.1. de la Constitución. RODRÍGUES. José Luis Rodrígues. **Origen, Estructura y Funcionamiento de las juntas arbitrales de consumo**. San Sebastián: IVADP, 2006, p. 113. *Es de alabar, no obstante los matices a los que haremos referencia más abajo, el propósito unificador, perseguido por el legislador, que ha optado por una formulación unitaria de todo el arbitraje*: fundiendo hasta donde se puede el arbitraje

3.4.1. EJEMPLO DE CLÁUSULA COMPLETA PARA LA SOLUCIÓN DE CONTROVERSIAS

Tanto en Brasil como en España está claro que el arbitraje debe nacer de la voluntad de las partes, sea por el artículo 421 del CC brasilero en conjunto con la Ley 9.307/96, o sea en razón del artículo 1.1. de la Constitución española en conjunto con la Ley arbitral 60/2003, por lo tanto, las partes deben desde el primer momento dejar claramente establecido que desean este medio para la solución de sus conflictos.

A seguir, un ejemplo de cláusula completa para la resolución de conflictos:

Las partes eligen como foro para el proceso y resolución de cualquier cuestión derivada de la interpretación, de la ejecución o de la inejecución de las obligaciones estabelecidas en el presente contrato, la institución arbitral XXX XXX XXX XXX, con sede en ... ..., nº ..., ...º piso,, Barrio ... ... – Edifício ... ..., en la Ciudad de ... ... – Estado de ... ..., CEP .....-..., de acuerdo con las normas de su Reglamento General, Legislación y Códigos de Ética pertinentes, a quien competirá decidir la cuestión instituyendo el arbitraje conforme a los procedimientos previstos en sus propias reglas – las cuales las partes declaran

---

interno e internacional, y considerando el contenido de la Ley de Arbitraje como norma de derecho común aplicable a los diversos tipos de arbitraje que no tengan una específica regulación, considerando a los arbitrajes especiales como una simple modalidad del arbitraje general u ordinario. Este último tendrá siempre carácter supletorio respecto de cualquier tipo o modalidad de arbitraje especial. Esta medida resultaba absolutamente necesaria dada la proliferación de arbitrajes especiales incorporados por la legislación sectorial en los últimos años (seguros, transportes, propiedad intelectual, deportes, arrendamientos, marcas, etc.). Y al mismo tiempo sirve como medida de salvaguardia de la propia institución del arbitraje frente a extensiones impropias. Como sucedería con la denominada actividad arbitral de la Administración, como luego señalaremos con algo más de detalle. El arbitraje de derecho común, mínimamente vertebrado por sus elementos esenciales --voluntariedad de origen, jurisdicción efectiva, producto final equivalente a una sentencia judicial-- constituye el núcleo irreductible que permanece sin perjuicio de los arbitrajes especiales y siempre que la pretendida especialidad no suplante o altere aquellos elementos que son fundamentales en todo arbitraje. (MEDINA, José Maria Chillón, **Valoración Crítica de la nueva ley de arbitraje**. Diario La Ley, Nº 5945, Sección Doctrina, 2 de Febrero de 2004, Año XXV, Ref. D-26, Editorial LA LEY).

conocer, la Ley nº 9.307/96 con redacción dada por la Ley nº 13.129/2015 y la legislación brasilera. Como forma de consentimiento expreso, en los términos del § 2º del artículo 4º de la Ley nº 9.307/96, las partes firman la presente Cláusula Compromisoria Completa.

En España el arbitraje se utiliza casi siempre en relaciones de consumo ya que el Tribunal Constitucional español entendió así, en las diversas acciones de inconstitucionalidad[30], el diseño del sistema jurídico. En Brasil, en razón de la ley arbitral (artículo 4, párrafo 2) en conjunto con el artículo 51, VI del Código de Defensa del Consumidor (Ley 8.078/90), se destaca que únicamente si el consumidor suscribe la referida cláusula, estando apartada o en negritas en el contrato, el arbitraje será válido.

En España se puede considerar una cláusula arbitral completa de la siguiente forma:

Toda controversia derivada de este contrato o que guarde relacion con él, incluída cualquier cuestión relativa a su existencia, validez o conclusión, será resuelta definitivamente mediante arbitraje de (derecho/equidad), administrado por la Asociación Europea de Arbitraje de acuerdo con su reglamento vigente a la fecha de presentación de la solicitud de arbitraje, que las partes manifestan conocer.

La cuestión debatible en el arbitraje es si el inversor es considerado consumidor o no. Esto dependerá si el inversor es calificado (agresivo en el mercado) o novato (conservador en el mercado).

Para ello, el Banco Central europeo estableció que los bancos deben hacer un análisis de cada inversor a fin de verificar la posibilidad, incluso, de utilizar otros medios que no sean la judicialización del conflicto, de la misma forma como lo hizo el Banco Central de Brasil.

---

30 Recursos de inconstitucionalidad números 728, 731 y 735/1984, acumulados BJC 1989-94. STC 15/1989, 26 de enero. STC 62/1991 (Pleno), de 22 de marzo.

4
DE LA JURISDICCIÓN DE LA ANBIMA – BRASIL

A pesar del incentivo del Código a la adhesión al proceso arbitral por parte de las Instituiciones Participantes, así como, por consecuencia, de las emisoras de valores mobiliarios, ese compromiso arbitral no apartará la incidencia del Código no lo referido a:

4.1. LOS ELEMENTOS DE INCIDENCIA DEL CÓDIGO DE AUTO-REGLAMENTACIÓN DE LA ANBIMA

A seguir los elementos del Código de Auto-Reglamentación de la Anbima:

- Supervisión: las Instituciones Participantes son supervisadas por la Comisión de Acompañamiento del Mercado de Capitales de Auto Regulación y ejercida por el área técnica de la ANBIMA, que consiste en el monitoramiento del cumplimiento, por parte de las Instituciones Participantes, de las disposiciones presentes en el Código de Auto-Reglamentación y demás normas editadas por la ANBIMA.

- Denuncias: las Instituciones Participantes podrán presentar denuncias a la ANBIMA por incumplimiento de cualquiera de las disposiciones contenidas en el Código de Auto-Reglamentación, las mismas que serán remitidas al área técnica de la ANBIMA, la cual elaborará un informe que, a su vez, será sometido a la apreciación de la Comisión de Acompañamiento del Mercado de Capitales.

- Investigación: procedimiento sumario cuyo objetivo es la obtención de indicios de materialidad y autoría cuando existe eventual infracción por parte de la Institución Participante, en caso no sean observados los principios y reglas contenidos en el Código de Auto-Reglamentación y demás normas aprobadas por la ANBIMA, el cual será iniciado bajo la orientación de la Comisión de Acompañamiento del Mercado de Capitales y ejercido por el área técnica de la ANBIMA, siendo que la primera, al mismo tiempo, determinará la notificación de las Instituciones Participantes posiblemente involucradas en los hechos investigados, que hará constar, en forma resumida, los hechos objeto de la Investigación. Después de la conclusión del procedimento de Investigación, la Comisión de Acompañamiento del Mercado de Capitales se reunirá para que sea analizado el informe presentado por el área técnica de la ANBIMA, pudiendo determinar diligencias adicionales o remitirlas al Consejo de Auto- Reglamentación del Mercado de Capitales, con la recomendación del inicio o no de proceso administrativo.

- Procesos administrativos: de jurisdicción de la ANBIMA, de competencia del Consejo de Auto- Reglamentación del Mercado de Capitales, que iniciará ante la Institución Responsable, el proceso, a fin de que sea investigado el incumplimiento de las disposiciones del Código de Auto-Reglamentación;

- Penalidades: las Instituciones que incumplan los principios y las normas contenidas en el Código de Auto- Reglamentación son objeto de penalidades, tales como advertencia remitida por médio de carta reservada, multas, advertencia pública (divulgada a través de los medios de comunicación de la ANBIMA) e incluso, desvinculación de la ANBIMA (en los casos de Instituciones Participantes no asociadas habrá la revocación del Término de Adhesión al Código de Auto-Reglamentación);

- "Término de Compromiso: la Institución Responsable podrá presentar Término de Compromiso, ante el Consejo de Auto Regulación del Mercado de Capitales (de la ANBIMA) en los procesos administrativos, comprometiéndose a acceder y corregir los actos de incumplimiento de las disposiciones contenidas en el Código de Auto-Reglamentación. Comprobado el cumplimiento de las obligaciones asumidas por la Institución en el Término de Compromiso, el relator remitirá al Consejo de Auto Regulación del Mercado de Capitales, que deliberará sobre el archivamiento del proceso administrativo en el plazo de 60 (sesenta) días. En caso exista cualquier incumplimiento del referido Término de Compromiso, por parte de la Institución Responsable, se reiniciará el proceso administrativo. Es importante resaltar que el Término de Compromiso no implica la confesión cuando la matéria son hechos, tampoco el reconocimiento de ilicitud de la conducta analizada".

Lo anterior se debe al hecho que el arbitraje suplirá las necesidades extrínsecas al Código de Auto- Reglamentación, pues respecto a los conflictos generados por el propio Código quién los irá a solucionar será la misma ANBIMA.

Debe recordarse también que todas las instancias de la auto regulación a las que se refiere el Código de Auto-Reglamentación de la ANBIMA deberán guardar sigilo absoluto respecto a las informaciones y documentos sobre los que tengan conocimiento a propósito del ejercicio de sus funciones, sean funcionarios de la ANBIMA o cualquier representante designado por las Instituciones Participantes o demás entidades.

5
DERECHO COMPARADO

La investigación científica tiene como una de sus bases la observación analítica de un determinado objeto en sus más variadas especificidades. Así, uno de los vértices de investigación, principalmente en el ámbito jurídico, consiste en la observación comparativa entre diversas legislaciones y abordajes. En este caso, por lo tanto, además de la investigación que tiene como contexto general el territorio brasilero, es importante observar la posición en el ámbito español y, quizá, también en el europeo, debido a la aplicación de la normativa, muchas veces, en todo el suelo europeo.

5.1. DATOS DEL MERCADO EUROPEO

Como punto inicial, debe observarse brevemente, con un poco más de cautela, algunos números, inclusive estadísticos, del mercado financiero en Europa a fin de crear el escenario que en adelante será debatido.

Conforme al documento *Informe de Mercado 2017*[31], que incorporó el balance de las actividades de los mercados de valores de España, de autoría de la BME-X, datos del Fondo Monetário Internacional – FMI señalan un aumento del Produto Interno Bruto – PIB mundial en el orden de 3,6% para el año 2017 y posiblemente para cerca de 3,2% para el año 2018. Y este aumento

> *acompañado de una tasa de aumento anual del volumen de comercio en el mundo que casi se dobla hasta el 4,2% en 2017 frente a lo anotado en 2016 y se mantendrá alrededor del 4% en 2018.*

El informe también señala que:

> *La economía europea ha sido una de las sorpresas positivas del año, acelerando su marcha hasta situar el crecimiento estimado del PIB de 2017 unas décimas por encima del 2%, el mejor dato del último lustro, impulsado por los buenos registros de las economías alemana y española pero también por la mejoría de Francia e Italia. Este buen comportamiento ha tenido también reflejo en el Euro que ha llegado a revalorizarse casi un 17% frente al dólar. (…) Las Bolsas europeas han acumulado rentabilidades positivas de forma generalizada pero con una significativa dispersión. La referencia EuroStoxx 50 para el área del euro ascendía un 8,7%. Por debajo se situaba la Bolsa con peor comportamiento relativo del año, Reino Unido, con una subida del 2,7%, frenado por las consecuencias del Brexit. Por encima del registro del EuroStoxx, Austria (+28,4%), Noruega (+18,7%), Portugal (+18,2%),*

---

31   Contenido revisado en el sitio https:www.bolsasymercados.es/docs/infmercado/2017/esp/IM2017.pdf, página 11, con acceso el 28/12/2017, às 15h40.

Italia (+16,3%), Grecia (+15,3%) y Suiza (+13,5%) se encuentran en el grupo de las más destacadas, mientras que en Bélgica (+10,9%), Francia (+10,8%) Alemania (+10,7%) o el IBEX 35 de la Bolsa española (+9,2%) las ganancias son menos brillantes.

Conforme al balance que acompaña al *Informe de Mercado 2017*, el escenario del mercado financiero en Europa es en este momento auspicioso y muestra que luego de un prolongado período de retracción en virtud de la crisis mundial que se inició al final de la década de 2010, el momento actual es de calentamiento en el mercado y los inversores.

Eso, sin embargo, de ningún modo hace innecesario cualquier deber de cautela por parte de la legislación y de los agentes del mercado en relación a las reglas que deben ser seguidas por ellos mismos en la dirección de sus negocios. Por el contrario, debe estimularlos a continuar siguiendo los dictámenes que ya se mostraron eficaces en el propio mercado financiero.

Existen, por lo tanto, no solamente en Europa sino alrededor del mundo, reglas que son incorporadas en ordenamientos, que obligan a ciertas prácticas como la Diretiva 2004/39 del Parlamento Europeo.

5.2. DIRECTIVA 2014/65/UE

Si en Brasil las reglas del mercado de capitales tienen como régimen las disposiciones de la legislación pertinente con, necesariamente, la aplicación de las normas de gobernanza corporativa, Europa también presenta un marco normativo regulatorio de dicho mercado.

En verdad, la Comunidad Europea obedece a las regulaciones contenidas en la Directiva 2014/65/UE del Consejo del Parlamento Europeo, del año 2014.[32] Dicho documento tiene en consideración importantes elementos como, por ejemplo, la Directiva del año 2004 y, principalmente, el hecho

---

32 Las Ofertas Públicas de adquisición de valores (OPAS) en España también son regulados por una Directiva 2004/25/CE; en las que se debe usar la Directiva 2004/39/EC en caso de conflictos. Sobre el proceso de formación y los caracteres de esta Directiva, ver, por todos, SANCHEZ CALERO. F, **Ofertas Publicas de Adquisición de Acciones (OPAs)**, Ed. Civitas/Thompson Reuteurs, Cizur Menor, 2009, pp. 43 e ss y HERMIDA, Alberto J. Tapia. **Las Ofertas Públicas de adquisición de valores en España. Teoría y práctica en el décimo aniversario de su regulación vigente.** RDBB, n. 148, 2017, pp. 13-56. Sobre Directivas ver: LEDESMA. Carmen Alonso. **Codificación y derecho privado de obligaciones y contratos.** RDM, n. 295, pp.13-30.

que los inversores se han tornado más activos y el mercado ha pasado a ofrecer un conjunto de servicios más complejos. Con eso, pasó a ser necesario contar con un instrumento legal más moderno y que reconociese las características, no solamente de un mercado vibrante, sino también de una sociedad igualmente transformada.

La Directiva pasó a tener como objetivo abarcar el conjunto de actividades orientadas a las inversiones con el objetivo de armonizar los mecanismos de protección de todos los actores involucrados en la actividad. Muchos son los derechos que transitan en el ambiente, pero muchas son, también, las obligaciones de esos agentes, siempre teniendo la finalidad de promover un mercado más transparente y eficaz para los inversores.

La meta de generar un mercado financiero integrado, en que los inversores sean de hecho protegidos, exije el establecimiento de requisitos reglamentarios comunes relativos a las inversoras, con el fin de evitar que la opacidad de un mercado local perjudique la eficiencia del sistema financiero europeo como un todo.

5.3. LAS SEMEJANZAS ENTRE LOS DOS INSTRUMENTOS DE MERCADO

Las dos casas que reciben los intereses y órdenes de los actores del mercado cuentan con reglamentos específicos. No existe ninguna novedad en ello. El hecho es que en un primer momento lo que se puede tener como premisa es que en Brasil, dada, inclusive, la desconfianza de los agentes que viven la experiencia de las inversiones, existen mecanismos de control que desde un inicio indican el conjunto de protocolos y de reglas para que se promueva la experiencia de invertir, principalmente, es claro, con los estándares más elevados.

La diferencia *a priori* podría sugerir un mercado europeo más confiable que respirase justamente esa confianza, a punto de eventualmente dar a entender que el principio de la autonomía de la voluntad en cierta forma puede relativizar las reglas de conducta dentro del mercado de valores europeo.

Un análisis más acusioso del tema revela que probablemente las reglas de operación en el mercado del viejo mundo presentan normas tan restrictivas como aquellas vistas en Brasil.

Teniendo en cuenta la Directiva 2014/65, muchas consideraciones en ese sentido pueden ser exploradas.

La Directiva antes mencionada (MIFID I), en conjunto con las normas de nivel II (Directiva 2006/73/CE) (MIFID II) y el reglamento CE 1287/2006 de aplicación inmediata en los Estados miembros de la EU – forman conjuntamente la normativa conocida genéricamente como MIDIF, según las siglas en inglés se describe como: *Market in Financial Instruments Directive*. En España, en particular, también se debe tener en consideración la Ley n. 47/2207 que modificó la Ley de Mercado de Valores y, en el caso del tema de este trabajo la Ley de arbitraje – Ley n. 60/2003, además del artículo 1.1. de la Constitución española.

En un primer momento, se evidencia el inicio del control por parte de la comunidad europea en relación a los mercados, al implementar normas claras, objetivas y singulares para la efectiva autorización[33] al agente para que pueda operar en el mercado. Para ello, señala el artículo 5 de la Directiva:

---

33 *"Los Estados-Miembros deben reservar la autorización como mercado reglamentado a los sistemas que cumplan lo dispuesto en el presente título.*

La autorización como mercado reglamentado solamente es concedida si la autoridad competente considera que tanto el operador del mercado como los sistemas del mercado reglamentado cumplen por lo menos los requisitos establecidos en el presente título". Texto extraído del artículo 44, V de la Directiva 201/65, que se refiere a la autorización y del derecho aplicable a los mercados regulados.

A continuación del artículo 44, el numeral V de la Directiva igualmente contempla la posibilidad de retiro de la autorización:

V - La autoridad competente puede retirar la autorización emitida para un mercado cuando:

no hace uso de la autorización en un plazo de 12 meses, renuncia expresamente a la autorización o no há funcionado en los últimos seis meses, a menos que el Estado-Miembro en cuestión haya previsto la caducidad en tales casos;

obtuvo la autorización haciendo declaraciones falsas o por cualquier otro medio irregular;

ya no cumple las condiciones con las que la autorización fue concedida;

violó seria y sistemáticamente las disposiciones adoptadas en los términos de la presente Directiva;

se encuentra en cualquiera de los casos en que la legislación nacional prevee el retiro.

Artículo 5: Requisito para autorización
1 - Cada Estado-Miembro debe exigir que la ejecución de servicios o actividades de inversión interpretadas como actividades regulares, con carácter profesional, queden sujetas a la autorización previa en los términos del presente capítulo. Dicha autorización deberá ser concedida por la autoridad competente del Estado-Miembro de origen designada en los términos del artículo 67[34].

Asimismo, naturalmente, debe la autorización especificar los servicios de actuación que reciben el aval para que aquél agente actúe como operador, siendo cierto que la referida autorización puede ser dejada sin efecto por la autoridad competente, observadas las condiciones para ello.

Adicionalmente, la norma reglamentaria del mercado de capitales impone reglas en relación a los actores que efectivamente dirigen las operaciones, debiendo ser, esas personas, experimentadas y de conducta incuestionable, además de la necesidad de la presencia de, por lo menos, dos personas en la dirección.

También existe preocupación similar en relación a los propios accionistas que actúan en ese mercado. La preocupación con un mercado equilibrado, transparente y correcto se puede constatar en diversos aspectos, siendo exigido de los negociadores que apenas tengan notícia de operaciones sospechosas informen a la autoridad competente a fin de que el hecho sea investigado más a fondo. La reglamentación puede ser observada con claridad en el párrafo 3º del artículo 10º [35].

Sin embargo un capítulo muy relevante en relación a las conductas de los agentes de inversiones demuestra la semejanza con las normas de operación en Brasil, más específicamente en relación a la implementación de prácticas de gobernanza corporativa. En Brasil el procedimiento es exigido, conforme se ha señalado. En Europa la semejanza comienza a ser mejor percibida a partir del artículo 16 de la Directiva, que trata de

---

34 Traducción libre de parte del artículo 5º de la Directiva 2014/65/UE de 21 de abril de 2004.

35 Artículo 10º: Accionistas y miembros con participación calificada:

§ 3º: Los Estados Miembros deben exigir que, cuando la influencia ejercida por las personas referidas en el § 1º fuera susceptible de perjudicar la saludable y prudente gestión de una empresa de inversiones, la autoridad competente tomará las medidas adecuadas para que cese dicha influencia perjudicial.

los requisitos organizacionales. De hecho, hay por lo menos 7 requisitos que comprueban la medida[36].

---

36 Artículo 16: Requisitos organizacionales:

I – (...);

II – La empresa de inversiones deberá establecer políticas y procedimientos lo suficientemente adecuados para garantizar la conformidad de la empresa, incluyendo sus gerentes, funcionarios y agentes vinculados, con las obligaciones previstas en las disposiciones de la presente Directiva, bien como las reglas apropiadas que regirán las transacciones personales de esas personas;

III – La empresa de inversiones deberá mantener y operar acuerdos organizacionales y administrativos eficaces con el objetivo de realizar medidas razonables, destinadas a evitar que los eventuales conflictos de intereses, conforme a lo señalado en el artículo 18, perjudiquen los intereses de sus clientes;

IV – La empresa de inversiones debe adoptar medidas razonables para garantizar de forma continua y regular la realización de servicios y actividades de inversiones. Para que eso se produzca, la empresa de inversiones debe emplear sistemas, recursos y procedimientos adecuados y proporcionales.

V – La empresa de inversiones deberá garantizar, al confiar en un tercero para el desempeño de funciones operacionales que son consideradas críticas y arriesgadas para la prestación de servicios, continuo y satisfactorio para los clientes y el desempeño de las actividades de inversiones de forma continua y satisfactoria, que asume medidas razonables para evitar riesgos operacionales adicionales indebidos. La tercerización de funciones operacionales importantes no puede ser realizada de forma tal que perjudique materialmente la calidad de su control interno y la capacidad de supervsión para monitorear la conformidad de la empresa con todas sus obligaciones;

La empresa de inversiones deberá contar con procedimientos administrativos y contables sólidos, mecanismos de control interno, procedimientos efectivos para la evaluación de riesgos y mecanismos efectivos de control y salvaguarda para el sistema de procesamiento de informaciones;

VI – La empresa de inversiones deberá proporcionar el mantenimiento de los registros de todos los servicios y transacciones que efectúe, debiendo estos registros ser suficientes para que la autoridad competente pueda monitorear el cumplimiento de los requisitos previstos en esa Directiva que verificará si la empresa de inversiones cumplió todas las obligaciones en relación a clientes o potenciales clientes;

VIII – La empresa de inversiones deberá, al estar en posesión de los instrumentos financieros pertenecientes a clientes, tomar medidas adecuadas para salvaguardar los derechos de propiedad de sus referidos clientes, es-

Es importante tener en mente el citado artículo y sus incisos, sobre todo los de números II, III e V (segunda parte) y, más adelante, el inciso VI. La lectura de los textos revela la semejanza con los procedimientos de seguridad y de gobernanza corporativa observados en Brasil y en su mercado de capitales.

El inciso II del artículo 16 destaca la necesidad del agente inversor de establecer políticas apropiadas para que actúe el agente dentro de los protocolos de gestión saludable. La medida se extiende no solamente a la propia empresa, sino, también, a sus funcionarios, gestores y afines.

En seguida, el inciso III del mismo artículo declara que el agente inversor también deberá atenerse a los acuerdos organizacionales y administrativos, primando para que éstos sean eficaces y destinados a evitar que los eventuales conflictos de intereses perjudiquen los intereses de sus clientes.

Siguiendo la misma línea de atención a padrones de control y de gerencia activa, el inciso IV determina que el agente de inversiones debe tomar medidas para garantizar de forma continua y regular la realización de servicios y actividades de inversión y para que eso sea practicado, debe emplear sistemas, recursos y procedimientos adecuados y proporcionales.

---

pecialmente en el caso de insolvencia de la empresa de inversiones, además de evitar el uso de instrumentos de un cliente por cuenta propia, excepto que exista el consentimiento expreso del cliente;

IX – La empresa de inversiones deberá, al mantener fondos pertenecientes a clientes, tomar medidas adecuadas para salvaguardar los derechos de los clientes y, excepto en el caso de instituciones de crédito, impedir la utilización de fondos de clientes para su propia cuenta;

XII – En el caso de sucursales de empresas de inversiones, la autoridad competente del Estado-Miembro en que se sitúa la sucursal deberá, sin perjuicio de la posibilidad que la autoridad competente del Estado-Miembro de origen de la empresa de inversiones tenga acceso directo a esos registos, cumplir la obligación prevista en el párrafo 6º, en lo referido a las operaciones realizadas por la agencia;

X – Con el fin de llevar en consideración la evolución técnica de los mercados financieros y asegurar la aplicación uniforme de los incisos II a IX, la Comisión adoptará, de acuerdo con el procedimiento referido en el párrafo 2º del artículo 64, medidas de ejecución que especifiquen los requisitos organizativos concretos a ser impuestos a empresas de inversiones que realizan diferentes servicios de inversiones y/o actividades y servicios auxiliares.

La parte final del inciso V es clara al determinar que la empresa de la que procede la inversión debe ter **procedimientos administrativos y contables sólidos, mecanismos de control interno, procedimientos efectivos para la evaluación de riesgos y mecanismos efectivos de control y salvaguardia para el sistema de procesamiento de informaciones**. Talvez ese sea el dispositivo más importante en relación a este tema.

Debe recordarse que, en el caso de Brasil, el Código de Auto-Reglamentación de la Anbima para ofertas Públicas de Distribución y Adquisición de Valores Mobiliarios trae a la Gobernanza Corporativa como parte del foco de atención de las instituciones participantes de las Ofertas Públicas. Existe fuerte estímulo a la adhesión a las práticas de forma voluntaria y, en caso de exigencia legal, la necesidad de que la institución se adhiera al programa dentro de determinado plazo para que implemente este conjunto de prácticas. En Brasil, inclusive, se produce, nuevamente, estímulo para la adopción del Arbitraje en los casos de controversias.

El hecho es que existe la fuerte tendencia de aumentar la utilización de las prácticas de gobernanza corporativa y, aún cuando en Europa existan, en ciertas situaciones, denominaciones o procedimientos distintos, también se constata la preocupación con un ambiente del mercado de capitales con políticas de integración entre los polos de los agentes que, finalmente, ofrezcan mayor valor a la empresa.

5.4. LOS CONFLICTOS DE INTERESES EN EL MERCADO DE CAPITALES EUROPEO

Como instrumento que disciplina en forma general el mercado de capitales en suelo europeo, la Directiva 2014/65 abre un capítulo específico para lidiar con los conflictos de intereses. Señala, en traducción libre, el artículo 23 del instrumento:

> *Artículo 23: Conflictos de intereses*
> *I - Los Estados-Miembros deben exigir que las empresas de inversiones tomen todas las medidas razonables para identificar los conflitos de intereses entre sí, incluyendo sus gestores, funcionarios y agentes vinculados, o cualquier persona directa o indirectamente vinculada a ese control por el control, en el transcurso de la realización de cualquier inversión, servicios auxiliares o de sus combinaciones.*
> *II - Cuando los procedimientos organizacionales o administrativos efectuados por la empresa de inversiones, de conformidad con el inciso III del artículo 16, para gestionar conflictos de intereses no fuesen suficientes para garantizar,*

> *de forma confiable, que los riesgos de daños a los intereses de los clientes serán evitados, la empresa de inversiones deberá divulgar claramente la naturaleza general y/o fuentes de conflictos de interés para el cliente antes de realizar negocios en su nombre.*
> *4 – Llevando en consideración la evolución técnica de los mercados financieros y asegurar la aplicación uniforme de los incisos I y II, la Comisión adoptará, en los términos del inciso II del artículo 64, **medidas de ejecución para:***
> *(a) definir las etapas que las empresas de inversiones pueden razonablemente esperar para identificar, prevenir, gerenciar y/o divulgar conflictos de interés al proporcionar varios servicios de inversión auxiliares y sus combinaciones;*
> *(b) establecer criterios adecuados para determinar los tipos de conflicto de interéses cuja existencia puede perjudicar los intereses de los clientes o potenciales clientes de la empresa de inversiones (**grifou-se**)*

Lo que se constata, una vez más, es la preocupación de las reglas del mercado con la reputación y, principalmente, el bienestar de los agentes que operan en el mercado, principalmente cuando se trata de la realización de inversiones. El tenor del artículo y sus incisos reflejan adecuadamente la transparencia a ser adoptada por el mercado cuando existen conflictos de intereses y sus repercusiones. Así, en la hipótesis que los procedimentos internos de los agentes no sean suficientes para garantizar que los riesgos de daños a los intereses de los clientes puedan ser evitados, deben los agentes identificar las fuentes del conflicto antes que sea realizada la operación en nombre del cliente.

Además, existe también la anuencia para que sean adoptadas medidas que definan pasos que las empresas pueden observar para identificar, prevenir, gerenciar o divulgar conflictos de intereses al ofrecer servicios de inversiones y auxiliares y sus combinaciones; y, por último, para que sean establecidos criterios adecuados para la determinación de las formas de conflicto de intereses cuya existencia puede perjudicar los intereses de los clientes o potenciales clientes de la empresa de inversiones.

5.5. MANTENIMIENTO DE LA INTEGRIDAD DEL MERCADO

Otro aspecto sustancial acerca de los quehaceres de los agentes que actúan en el mercado financiero es el deber de mantenimiento de la integridad del ambiente. Respecto a ello, señala el artículo 25, I del Reglamento (UE) 600/2014 y algunos de sus incisos:

Artículo 25 – Reglamento (UE) 600/2014:

I - Los Estados-Miembros deben exigir que las empresas de inversiones mantengan a disposición de la autoridad competente, durante por lo menos cinco años, los datos relevantes relativos a todas las transacciones que realizaron, sea por cuenta propia o en representación de un cliente. En el caso de transacciones realizadas en nombre de clientes, los registos deben contener todas las informaciones y detalles de la identidad del cliente y las informaciones exigidas por la Directiva 91/308 / CEE del Consejo, de 10 de Junio de 1991, relativa a la prevención de la utilización del sistema financiero para fines de lavado de dinero.

II - Los Estados-Miembros deben exigir que las empresas de inversiones que ejecuten transacciones en financieras informen lo más rapidamente posible las informaciones sobre esas transacciones ante la autoridad competente y, a más tardar, al cierre del día útil siguiente.

Siguiendo una línea similar, la Directiva también exige que las empresas de inversiones que realicen transacciones en mercados que admitan negociación, a hacer público el volumen y el precio de las citadas transacciones y el momento en que fueron concluidas, conforme al inciso II del artículo 20[37] de la Directiva. Además de eso, también son, debatidas nuevamente las prácticas de protección al mercado, conforme al inciso III[38] del mismo artículo.

---

37 II. Los Estados-Miembros deben exigir que las empresas de inversiones que, por cuenta propia o en nombre de terceros, realizen transacciones en mercados que admitan la negociación en un mercado reglamentado, hagan público el volumen y el precio de esas transacciones y el momento en que fueron concluidas. La información deberá hacerse pública lo más rápido posible, llevando en cuenta las prácticas y las costumbres comerciales razonables.

38 Artículo 20:

III – Con el fin de asegurar el funcionamiento transparente y ordenado de los mercados y la aplicación uniforme del inciso I, la Comisión adoptará, de acuerdo con el procedimiento referido en el inciso II del artículo 64, medidas de ejecución que:

especifiquen los medios por los cuales las empresas de inversiones pueden cumplir las obligaciones que les incumbe según lo establecido en el inciso I, incluyendo las siguientes posibilidades:

1 – a través de las instalaciones de cualquier mercado reglamentado que haya admitido el instrumento en cuestión a la negociación o a través de las facilidades de un MTF en que la participación en cuestión es negociada;

5.6. LAS DISPOSICIONES CONTENIDAS EN EL ARTÍCULO 44 DE LA DIRECTIVA 2014/65

Los aspectos debatidos hasta el presente momento confirman cierta similitud entre el ambiente del mercado financiero europeo y el brasilero. Sin embargo, posiblemente, el punto más preponderante del mercado de capitales de Europa, bajo el marco de la Directiva 2014/65, consiste en los dictámenes conforme al artículo 44.

Conforme ya ha sido adelantado líneas arriba, la autorización para la operación en el mercado solamente es refrendada si la autoridad competente considera que tanto el operador del mercado como el proprio sistema de mercado cumplen los requisitos contenidos en la norma directiva.

Así, el operador de mercado debe proporcionar todas las informaciones, los tipos de negocios previstos y su estructura organizacional.

Los Estados Miembros deben exigir que el operador de mercado desempeñe sus tareas bajo la tutela y la supervisión de la autoridad competente, siendo correcto que los mismos Estados deben asegurarse que las autoridades regulen de forma habitual el mercado financiero, de conformidad con la propia Directiva. O sea, existe la fuerte tendencia de siempre ver y reever la conducta de los agentes, para que no pase desapercibida ninguna práctica dañina al sistema. Con eso, se observa un gran número de "*back ups*", "redundancias" saludables en pro del mercado.

También es responsabilidad del operador, de conformidad con el artículo 44, III[39], garantizar que el mercado en que él actua respete los requisitos mencionados en la propia Directiva

---

2 – a través de las oficinas de un tercero;

3 – a través de acuerdos de propriedad;

Aclarar la aplicación de la obligación prevista en el inciso I para transacciones que involucren el uso de acciones por garantías, préstamos u otros fines en que la transferencia de acciones es determinada por factores diferentes de la evaluación actual del mercado de la acción.

39 Artículo 44: Autorización y derecho aplicable

III - Los Estados-Miembros deben asegurar que el operador del mercado sea responsable por garantizar que el mercado que él administra respete todos los requisitos del presente título.

5.7. UTILIZACIÓN DE MECANISMOS EXTRAJUDICIALES DE SOLUCIÓN DE CONFLICTOS

Asunto que se relaciona directamente con otros elementos del presente trabajo está representado en el artículo 75 de la Directiva 2014/65. Esto porque dicha disposición, claramente, en atención a los más modernos preceptos de resolución de controversias, estimula la adopción de medios extrajudiciales de resolución de conflictos para, naturalmente, poner fin o por lo menos dirimir eventuales escollos de esa naturaleza vividos dentro del ambiente del mercado financiero europeo. Así, señala el artículo:

> *Artículo 75: Mecanismo extrajudicial para reclamaciones de inversores*
> *I - Los Estados-Miembros deben promover la creación de procedimientos de reclamación y de recurso eficientes y eficaces para la resolución extrajudicial de controversias de consumo relativos a la prestación de servicios de inversión y sus auxiliares prestados por empresas de inversión, utilizando los organismos existentes, cuando apropiado.*
> *II - Los Estados-Miembros deben asegurar que esos órganos no sean impedidos por disposiciones legales o reglamentarias de cooperar efectivamente en la resolución de conflictos transfronterizos.*

En ese sentido, la disposición demuestra la preocupación de los creadores de la Directiva y, en último análisis, de la propia Comunidad Europea, atenta a los procedimientos más actuales de combate a las controversias.

Conforme ha sido mencionado en capítulo oportuno, en un ambiente globalizado, de profundas y rápidas transformaciones, no parece nada razonable esperar que eventuales contiendas, entre grandes agentes económicos, sean apreciadas por el Poder Judicial, generalmente saturados por el gran número de procesos, en todos los países, incluso en los más desarrollados.

Además de eso, no se trata apenas del agotamiento de la vía judicial, mas sí, antes que nada, de la eventual dificultad de esta vía judicial para tratar los más específicos y complejos temas, generalmente mejor delineados y manejados por organismos y personas acostumbradas a esa técnica.

Esas son, justamente, algunas de las principales ventajas observadas en los medios extrajudiciales de solución de controversias, basados,

---

Los Estados-Miembros deben igualmente asegurar que el operador del mercado tenga el derecho de ejercer los derechos que corresponden al mercado que administra en virtud de la presente Directiva.

sobretodo, en la celeridad y, también, en la mayor técnica de los agentes que operan en el sector.

En Brasil, como ya ha sido discutido, observados los requisitos, quedan obligadas las partes a que su conflicto sea discutido y decidido por una Cámara Arbitral[40]. Consiste, por lo tanto, en la utilización del Arbitraje como medio de resolver el conflicto. Se trata de una medida ciertamente inteligente y correcta que el mercado financiero brasilero adoptó, con el fin de ver eventuales conflictos societarios debatidos y definidos de manera más célere y no menos técnica.

El ambiente europeo no obliga a la utilización del Arbitraje en los conflictos societarios[41] - lo que podría eventualmente parecer contraproducente o incluso inconstitucional[42] -, sin embargo, al menos, estimula no solamente la utilización del Arbitraje sino de los demás medios extrajudiciales de solución de conflictos. En este particular, cabe hacer algunas pequeñas observaciones en relación a ellos, ya que, si no existe una determinación en cuanto a la lista que los componen hay, por lo menos, aquellos que históricamente son así considerados[43].

---

40   En noticia publicada recientemente: *La Cámara de Arbitraje de Bovespa abrió proceso para analizar el pedido de resarcimiento de daños que 40 fondos de inversiones de Estados Unidos, dueños de cerca de R$ 1,5 bilhão en acciones preferenciales y ordinarias de Petrobras, alegan haber tenido con los casos de corrupción investigados por la Operación Lava Jato. Según una fuente en EUA oída por el Broadcast, servicio de información en tiempo real del Grupo Estado, los inversionistas estiman un perjuicio de US$ 2 bilhões. Ese grupo fue obligado a recurrir al arbitraje por imposición de la Justicia norte americana, que se limitó a juzgar el pedido de compensación hecho por los dueños de acciones adquiridas en la Bolsa de Nova York, las ADRs. Los demás deben cumplir lo previsto en el estatuto social de Petrobras, de que todo reclamo de accionistas sea llevado a la Cámara de Arbitraje de Bovespa* (www.gazetadopovo.com.br).

41   FERNÁNDEZ MONTALVO, Rafael. **El arbitraje: ensayo al recurso contencioso administrativo**, Fundacion Wellington, Madrid, 2004.

42   El Tribunal Constitucional Español entiende: un equivalente jurisdiccional, mediante el cual las partes pueden obtener los mismos objetivos que con la jurisdicción civil (esto es, la obtención de una decisión que ponga fin al conflicto con todos los efectos de la cosa juzgada). (STC 15/1.989, F. 9. Y STC 62/1.991, F. 5). O sea, en definitiva un método de heterocomposición basado en la voluntad de las partes para obligarse.

43   Aquí no será expuesto el instituto del Arbitraje porque el referido mecanismo extrajudicial de solución de controversias ya fue aquí anteriormente

En un trabajo de derecho público, Beatriz Belando Garíz señala: *uno de los instrumentos más interesantes con que la CNMV podría contar en la protección de los intereses de los inversores es, sin lugar a dudas, el arbitraje.*[44]-[45]

5.7.1. MEDIACIÓN

La mediación[46] es un medio auto compositivo de resolución de conflictos que, por intermedio de la actuación de un tercero imparcial (mediador),

---

presentado e igualmente debatido.

44   GARÍN, Beatriz Belando. **La protección pública del inversor en el mercado de valores**. Madrid, Thomson- Civitas, 2004, p. 362.

45   *La virtualidad del arbitraje para resolver controversias sigue levantando polémica, de ello da constancia la abundante literatura que se ha volcado sobre la misma*: TRATER, J. M., **Arbitraje de derecho administrativo**, RAP, 147., 1997, p 75; CRUZ PADIAL, I. **Es posible el arbitraje tribútario?** Revista Impuestos, n. 11, 1999, p. 12; TORNO MAS, J. **El consell Tributari del Ayuntamento de Barcelona**, DA, n. 220, 1.989, pp. 207-226; TORNO MAS, j. E.. **Via prevía y garantias de los administrados en la protección jurídica de los ciudadanos**, Madrid, Civitas, 1.993, p. 647.MARESCA LASA, A. **Los mecanismos de sustitución de la justicia ordinaria civil y jurisdicción contencioso-administrativa en relación con la Administracion Pública**, Boletín del Tribunal Arbitral de Barcelon, n. 11, p. 7; SERRANO ANTÓN, F. **La terminacion convencional de procedimientos tributarios y otras técnicas transaccionales**, Asociación Española de Asesores Fiscales, Madrid, 1996; ROSA MORENO, J. **El arbitraje administrativo**, McGraw-Hill, Madrid, 1.998.

46   Resulta muy interesante traer a colación el preámbulo de la Ley española de mediación (Lei 5/2012) dividido en tres partes: *I - Una de las funciones esenciales del Estado de Derecho es la garantía de la tutela judicial de los derechos de los ciudadanos. Esta función implica el reto de la implantación de una justicia de calidad capaz de resolver los diversos conflictos que surgen en una sociedad moderna y, a la vez, compleja.*

En este contexto, desde la década de los años setenta del pasado siglo, se ha venido recurriendo a nuevos sistemas alternativos de resolución de conflictos, entre los que destaca la mediación, que ha ido cobrando una importancia creciente como instrumento complementario de la Administración de Justicia.

Entre las ventajas de la mediación es de destacar su capacidad para dar soluciones prácticas, efectivas y rentables a determinados conflictos entre partes y ello la configura como una alternativa al proceso judicial o a la vía arbitral, de los que se ha de deslindar con claridad. La mediación está construida en torno a la intervención de un profesional neutral que facilita la resolución del conflicto por las propias partes, de una forma equitativa, permitiendo el mantenimiento de las relaciones subyacentes y conservando el control sobre el final del conflicto.

II - A pesar del impulso que en los últimos años ha experimentado en España, en el ámbito de las Comunidades Autónomas, hasta la aprobación del Real Decreto-ley 5/2012 se carecía de una ordenación general de la mediación aplicable a los diversos asuntos civiles y mercantiles, al tiempo que asegurara su conexión con la jurisdicción ordinaria, haciendo así efectivo el primero de los ejes de la mediación, que es la desjudicialización de determinados asuntos, que pueden tener una solución más adaptada a las necesidades e intereses de las partes en conflicto que la que podría derivarse de la previsión legal.

La mediación, como fórmula de autocomposición, es un instrumento eficaz para la resolución de controversias cuando el conflicto jurídico afecta a derechos subjetivos de carácter disponible. Como institución ordenada a la paz jurídica, contribuye a concebir a los tribunales de justicia en este sector del ordenamiento jurídico como un último remedio, en caso de que no sea posible componer la situación por la mera voluntad de las partes, y puede ser un hábil coadyuvante para la reducción de la carga de trabajo de aquéllos, reduciendo su intervención a aquellos casos en que las partes enfrentadas no hayan sido capaces de poner fin, desde el acuerdo, a la situación de controversia.

Asimismo, esta Ley incorpora al Derecho español la Directiva 2008/52/CE del Parlamento Europeo y del Consejo, de 21 de mayo de 2008, sobre ciertos aspectos de la mediación en asuntos civiles y mercantiles. Sin embargo, su regulación va más allá del contenido de esta norma de la Unión Europea, en línea con la previsión de la disposición final tercera de la Ley 15/2005, de 8 de julio, por la que se modifica el Código Civil y la Ley de Enjuiciamiento Civil en materia de separación y divorcio, en la que se encomendaba al Gobierno la remisión a las Cortes Generales de un proyecto de ley sobre mediación.

La Directiva 2008/52/CE se limita a establecer unas normas mínimas para fomentar la mediación en los litigios transfronterizos en asuntos civiles y mercantiles. Por su lado, la regulación de esta norma conforma un régimen general aplicable a toda mediación que tenga lugar en España y pretenda tener un efecto jurídico vinculante, si bien circunscrita al ámbito de los asuntos civiles y mercantiles y dentro de un modelo que ha tenido en cuenta las previsiones de **la Ley Modelo de la CNUDMI sobre Conciliación Comercial Internacional de 24 de junio de 2002. (grifou-se).**

Precisamente, el transcurso del plazo de incorporación al ordenamiento jurídico español de la Directiva 2008/52/CE, que finalizó el 21 de mayo de 2011, justificó el recurso al real decreto-ley, como norma adecuada para efectuar esa necesaria adaptación de nuestro Derecho, con lo que se puso fin al retraso en el cumplimiento de esta obligación, con las consecuencias negativas que comporta para los ciudadanos y para el Estado por el riesgo de ser sancionado por las instituciones de la Unión Europea.

Las exclusiones previstas en la presente norma no lo son para limitar la mediación en los ámbitos a que se refieren sino para reservar su regulación a las normas sectoriales correspondientes.

III - El modelo de mediación se basa en la voluntariedad y libre decisión de las partes y en la intervención de un mediador, del que se pretende una intervención activa orientada a la solución de la controversia por las propias partes. El régimen que contiene la Ley se basa en la flexibilidad y en el respeto a la autonomía de la voluntad de las partes, cuya voluntad, expresada en el acuerdo que le pone fin, podrá tener la consideración de título ejecutivo, si las partes lo desean, mediante su elevación a escritura pública. En ningún caso pretende esta norma encerrar toda la variedad y riqueza de la mediación, sino tan sólo sentar sus bases y favorecer esta alternativa frente a la solución judicial del conflicto. Es aquí donde se encuentra, precisamente, el segundo eje de la mediación, que es la deslegalización o pérdida del papel central de la ley en beneficio de un principio dispositivo que rige también en las relaciones que son objeto del conflicto. La figura del mediador es, de acuerdo con su conformación natural, la pieza esencial del modelo, puesto que es quien ayuda a encontrar una solución dialogada y voluntariamente querida por las partes. La actividad de mediación se despliega en múltiples ámbitos profesionales y sociales, requiriendo habilidades que en muchos casos dependen de la propia naturaleza del conflicto. El mediador ha de tener, pues, una formación general que le permita desempeñar esa tarea y sobre todo ofrecer garantía inequívoca a las partes por la responsabilidad civil en que pudiese incurrir.

Igualmente, la Ley utiliza el término mediador de manera genérica sin prejuzgar que sea uno o varios.

Se tiene presente el papel muy relevante en este contexto de los servicios e instituciones de mediación, que desempeñan una tarea fundamental a la hora de ordenar y fomentar los procedimientos de mediación.

Corolario de esta regulación es el reconocimiento del acuerdo de mediación como título ejecutivo, lo que se producirá con su ulterior elevación a escritura pública, cuya ejecución podrá instarse directamente ante los tribunales. En la regulación del acuerdo de mediación radica el tercer eje de la mediación, que es la desjuridificación, consistente en no determinar de forma necesaria el contenido del acuerdo restaurativo o reparatorio.

El marco flexible que procura la Ley pretende ser un aliciente más para favorecer el recurso a la mediación, de tal forma que no tenga repercusión en costes procesales posteriores ni se permita su planteamiento como una estrategia dilatoria del cumplimiento de las obligaciones contractuales de las partes. Así se manifiesta en la opción de la suspensión de la prescripción cuando tenga lugar el inicio del procedimiento frente a la regla general de su interrupción, con el propósito de eliminar posibles desincentivos y evitar que la mediación pueda producir efectos jurídicos no deseados.

ajeno a la disputa y también a las partes, se busca la facilitación del diálogo y la mejor compreensión de los deseos de cada una de las partes, estimulándolas a encontrar soluciones con benefícios y satisfacción mútuos, que sean sostenibles en el tiempo.

Dando mayor profundidad, conforme lo conceptualiza Juan Carlos Vezzulla, Mediación es:

> la técnica privada de solución de conflictos que viene demonstrando, en el mundo, su gran eficiencia en los conflictos interpersonales, pues con ella, son las propias partes las que encuentran las soluciones. El mediador solamente las ayuda a buscarlas, introduciendo, con sus técnicas, los criterios y los raciocinios que les permitián un mejor comprensión.[47]

Ya Augusto Cesar Ramos, teniendo en mente la ausencia de formalismo[48] que acompaña al instituto, destaca las principales ventajas de la mediación al observar:

> rapidez y eficacia de resultados; la reducción del desgaste emocional y del costo financiero; garantía de privacidad y sigilo; reducción de la duración y reincidencia de las controversias; facilitación de la comunicación[49].

La Mediación, otro medio extrajudicial de solución de conflictos, está basada en la efectividad del arte del lenguaje para hacer que gane vida o se recree el nexo entre las personas. Consiste en la intervención de un tercero, neutro, buscando la intermediación de la relación conflictiva.

> La presente Ley se circunscribe estrictamente al ámbito de competencias del Estado en materia de legislación mercantil, procesal y civil, que permiten articular un marco para el ejercicio de la mediación, sin perjuicio de las disposiciones que dicten las Comunidades Autónomas en el ejercicio de sus competencias.
>
> Con el fin de facilitar el recurso a la mediación, se articula un procedimiento de fácil tramitación, poco costoso y de corta duración en el tiempo. (https://www.boe.es/buscar/act.php?id=BOE-A-2012-9112).

47 VEZZULLA, Juan Carlos. **Teoria e Prática da Mediação**. Paraná: Instituto de Mediação e Arbitragem do Brasil, 1998, p.15 e 16.

48 El instituto presenta como sus características principales (i) la autonomía de la voluntad de las partes para su uso; (ii) la preservación de los lazos entre las partes; (iii) la economía; (iv) la confidencialidad; (v) la celeridad; (vi) la oralidad: (vii) el consensualismo; y, naturalmente, (viii) la buena-fe.

49 RAMOS, Augusto Cesar. **Mediação e arbitragem na Justiça do Trabalho**. Jus Navigandi, Teresina, año 6, n. 54, feb. 2002. Disponible en: <http://jus2.uol.com.br/doutrina/texto.asp?id=2620>. Acceso en: 18 oct. 2010.

Así, el mediador facilita la comunicación. Antes que nada, colabora en la recuperación del diálogo hasta llegar a una solución.

Al fin y al cabo, el mediador actúa como un facilitador[50] y trabaja la comunicación y la relación de los litigantes a partir de un conjunto de técnicas y de habilidades que debem ser desarrolladas en cursos especializados de capacitación, con práticas supervisadas que abarcan abordajes, modelos o escuelas de mediación.

El hecho es que la Directiva, al incorporar el artículo 75, promueve claramente el uso del instituto, reconociendo su relevancia y capacidad de resolver conflictos.

5.7.2. CONCILIACIÓN

Antes que nada, como muy bien cita el autor argentino Osvaldo Gozaíni,

> *conciliar supone avenimiento entre intereses contrapuestos; es armonía establecida entre dos o más personas con posiciones distintas. El verbo proviene del latín conciliatio, que significa composición de ánimos en diferencia*[51].

El texto del reconocido autor es opotuno, ya que orienta adecuadamente el sentido básico y lógico de la idea de conciliar. Siendo así, presupone la

---

50   Además de aumentar los canales de comunicación entre las partes, conforme a lo señalado en "Manual de Arbitragem e Mediação, Conciliação e Negociação", recaen en el mediador también los principios de independencia, imparcialidad, aptitud y diligencia.

51   GOZAÍNI, Osvaldo A. **Formas Alternativas para La Resolución de Conflictos**: Arbitraje, Mediación, Conciliacón, Ombudsman, Processos Alternativos. Depalma, Buenos Aires, 1995, p. 39.

composición, el acuerdo y la transacción[52]-[53], siempre como medida para

---

52   Sobre el tema, también señalo algunas palabras en "Manual de Arbitraje y Mediação, Conciliação y Negociação", al declarar que "importa decir que la conciliación y la transacción pueden aparentemente presentar terminología sinonímica. En muchas ocasiones, se puede decir, que es así como la propia ley se refiere a ambas. Es posible notar esto con el artículo 584, III, do CPC/73, dejado sin efecto por la Ley n. 11.232, de 2015, que al delinear los títulos ejecutivos judiciales dispone como uno de los títulos a la sentencia homologatoria de conciliación o de transacción. No obstante, en otros momentos, parecen los términos ser dispares, ya que el art. 487, III, b, del CPC/2015 asevera que el proceso concluirá con juzgamiento del mérito cuando las partes llegaren a una transacción (y no, conciliaren), en cuanto el art. 331, § 1º, del CPC/73 (art. 334 del CPC/20154), al disponer sobre la audiencia preliminar, define que uma vez obtenida la conciliación (y no la transacción) esa será homologada por sentencia. De ese modo, permanece la duda en cuanto al real significado empleado en ambos términos, ya que en muchas circunstancias el propio autor de la ley no destaca por una perfecta técnica, al usar terminologías iguales con significados diversos y expresiones distintas, con significado que les es común. Sea como sea, la conciliación es un procedimiento que tiene en vista a las partes con el propósito de prevenir o resolver un conflicto. Se refiere a la conducta de las partes de conciliar. Ya la transacción se refiere al contenido – aquello sobre lo cual la transacción versa. Siendo así, es posible afirmar que en el proceso la conciliación ocurre mediante una transacción. Los litigantes concilian transigiendo. Dicho esto, la conciliación es un término que va más allá de la transacción. Las partes en conflicto podrían conciliar renunciando a la demanda, por ejemplo, o aun más, renunciando a esta luego de su ingreso a juicio. No entanto, el legislador consideró a la conciliación por intermedio de la transacción. El Código de Proceso Civil, al tratar de la conciliación, la ilustra existiendo por intermedio la transacción. Es por esta razón que el legislador señala en el art. 487, III, b, del CPC/2015 que el proceso concluirá con juzgamiento del mérito cuando las partes hubieren llegado a una transacción. Naturalmente, podría haber afirmado "cuando las partes concilien", sin embargo, eso sería decir poco, ya que la conciliación es una conduta de las partes – es el acto de colocarse en armonía; y la transacción es el acuerdo mediante concesiones mutuas". (GUILHERME, Luiz Fernando do Vale de Almeida. **Manual de Arbitragem e Mediação, Conciliação e Negociação** – de acuerdo con el NCPC, modificación de la Ley nº 9.307/96 y Ley de Mediación: Saraiva: São Paulo, 2018, ps. 52, 53 e 54).

53   Vide artículos 840 a 850 del CC, al ser la transacción considerada por la ley brasilera como un contrato en espécie (arts. 481-853 del CC).

resolver un conflicto de intereses entre personas litigantes[54].

En relación al debate de ese texto y siendo más preciso, la Conciliación consiste en una iniciativa a partir de la cual los involucrados hacen esfuerzos para la solución del conflicto valiéndose del auxilio de un tercero que actúa como conciliador, ejerciendo su función de modo imparcial y dirigiendo a las partes para la mejor solución, asimismo ofreciendo alternativas.

De la lectura del concepto pareciera que no existe gran diferencia en relación a la Mediación. A final de cuentas, en ambas lo que se verifica es la existencia de un conflicto entre dos partes; la presencia de un tercero, imparcial y ajeno al mencionado desacuerdo, que busca, de algún modo, colaborar con la solución.

Sin embargo, la diferencia fundamental entre ambos institutos, Conciliación y Mediación, es que en la última el papel del tercero (mediador) está más reservado a ser un mejor canal de comunicación entre las partes, teniendo una actuación menos incisiva en la relación entre las personas, ya que no presenta ideas u opiniones. Ya en la Conciliación, a pesar de ser en realidad parecida a la Mediación, la participación del tercero, también imparcial y ajeno al conflicto, es más aguda, actuando efectivamente de modo a conciliar a las partes, presentando eventuales opiniones y posibles soluciones, no apenas mediando entre ellas.

5.7.3. NEGOCIACIÓN

En relación a la Negociación[55], debemos señalar desde ahora que los propios estudiosos en esta materia discrepan en cuanto a su naturaleza de medio extrajudicial de solución de controversias. Esto es así porque la Negociación, más que un mecanismo de solución de conflictos, puede ser, antes que nada, una técnica empleada en una dinámica vivida entre dos o más partes sin que exista, de hecho, necesariamente un conflicto entre ellas. Puede ser simplemente un instrumento que es parte de la

---

54 DIZ. Fernando Martín y GONZÁLES-CASTEL. Adán Carrizo. **Mediación en la administración de justicia – Implantación y desarrollo.** Andavira editora, 2018. El concepto de mediación y conciliación no se encuentran distintos, pero tras un inicio para el medio en España, por eso el comentario en el capítulo de conciliación.

55 GUILHERME, Luiz Fernando do Vale de Almeida. **Op. Cit.**, Barueri, 2016. GUILHERME, Luiz Fernando do Vale de Almeida. **Op. Cit**, Saraiva, 2018.

dinámica específica entre personas que buscan los mejores resultados para sí, con la posibilidad, también, de alcanzar el mejor resultado común.

La Negociación – a diferencia de los otros medios extrajudiciales tradicionales, como el Arbitraje, la Mediación y la Conciliación -, no presenta la figura de un tercero para contribuir con la resolución de la controvérsia. En verdad, son las propias partes quienes, informalmente, promueven el uso de un conjunto de técnicas, trabajadas y estudiadas, para intentar alcanzar el éxito en las tratativas entre ellas.

Conforme a todo lo mencionado, finalmente, lo que se percibe es que la Directiva 2014/65, que se encuentra atenta a las prácticas más modernas de resolución de conflictos entre las partes, se posiciona de manera pro-activa y mediante el estímulo en el uso de medios extrajudiciales de solución de controversias, impulsando el mercado financiero europeo a resolver las eventuales controversias que surjan entre partes de ese mercado de manera más rápida y eficaz, siendo que los mecanismos pertenecientes a los medios extrajudiciales son ampliamente aptos para resolverlos.

Sea como sea, la crítica que puede hacerse, aún así, a la Directiva, consiste en el hecho de que el instrumento promueve el uso de estos mecanismos, pero no obliga, como ocurre en el mercado financiero brasilero, en las hipótesis descritas en el reglamento de Brasil.[56]

Aún así, el propio hecho de existir la determinación explícita en el sentido que los Estados Miembros asegurarán que los órganos, institutos y cámaras arbitrales no sean impedidos de actuar, ya esto significa un avance en cuanto a la mejor manera de resolución de controversias en el mercado financiero europeo[57].

---

56 Debe cuestionarse esa obligatoriedad para aquel inversor de fondos vinculados a papeles Nivel Nuevo Mercado.

57 El modelo español de regulación de las inversiones en la financiación participativa está aun muy lejos de ofrecer un régimen completo y específico de las obligaciones de las plataformas de financiación participativa en su principal labor de mediación electrónica, por ejemplo, donde este contrato debe estar más estructurado jurídicamente y conocido por los usuarios para no tener conflictos. MARTÍNEZ, Isabel Rodrígues. **El servicio de mediación electrónica de las plataformas de financiación participativas: marco regulador**, RDBB, n. 149, 2018, pp. 253-254.

6
DE LAS SEMEJANZAS: BRASIL Y EUROPA

> *Nadie aprende el sentido de la vida*
> *hasta que coloca su ego a disposición*
> *para servir a sus hermanos*
>
> (Ralph Wald Emerson[58])

Este trabajo, hasta el momento, ha tenido como objetivo presentar las caracteristicas y las vicisitudes del mercado financiero brasilero, en contraposición al mercado de negocios en Europa. Se basó un poco de las disposiciones contenidas más detalladamente en la bolsa de valores del Estado de São Paulo, organizada por la BM&F Bovespa/B3, con la instrumentalización de prácticas de gobernanza corporativa y la obligatoria utilización del instrumento arbitral como resolución de conflictos de intereses en determinada situación.

Por otro lado, teniendo como base el ambiente europeo, se percibió, principalmente, las diversas semejanzas observadas en su mercado financiero con, inclusive, el estímulo al uso de medios extrajudiciales de solución de conflictos para las situaciones que involucren a empresas pertencientes a ese universo.

Ocurre, no obstante, que debe ser debatido otro punto neurálgico en relación a las estructuras de organización y control de los mercados financieros objeto de estudio. Ambas, BM&F Bovespa/B3 en São Paulo y las bolsas de valores ubicadas en Europa – aquellas bajo los preceptos de la Directiva 2014/65 -, son conjuntos que reunen personas, jurídicas o naturales, con sus propios intereses, incluido aquel que es el más avasallador de todos, consistente en la exploración y el mantenimiento de los elementos más intrínsecos de esas personas, jurídicas o naturales: el *ego* o la *lucha de egos* entre esos agentes[59].

---

58 *Ralph Waldo Emerson* fue un escritor, ensayista y filósofo estadounidense y uno de los fundadores del movimiento Transcedentalismo.

59 En la actualidad, es habitual que los pequeños inversores se dirijan a la CNMV solicitando su opinión experta sobre alguna práctica incorrecta de la que han sido víctimas por parte de los operadores (GARÍN, Beatriz Belando. **La protección pública del inversor en el mercado de valores**, Madrid, Thomson-Civitas, 2004, p. 363). CREMADES, Bernardo M. Arbitration in Investment Treaties: **Public Offer of arbitration in Investment Protection Treaties** at BRINER, FORTIER, BERGER and BREDOW (eds.), Law of International Business and Dispute Settlement in the 21st Century (Liber Amicorum Karl-Heinz Böckstiegel) (Carl Heymanns Verlag KG, Köln, Berlín,

6.1. LOS REALES INTERESES DE QUIENES REALIZAN NEGOCIOS EN LAS BOLSAS DE VALORES

Mucho se comenta y eventualmente se sabe respecto de las razones para que empresas, mantenidas, obviamente, por personas, alimenten cada vez más su "hambre de crecimiento" y su gula incesante y sin fin. Es comun que la justificación para ese ímpetu voraz esté explicado por la búsqueda por lucros y mejores resultados, para la distribución de dividendos y la satisfacción de sus socios o accionistas.

La idea principal detrás de esta voluptuosidad sería, así normalmente entendida, el acceso a recursos y opciones que justamente el *bonus* de los mejores resultados trae a los involucrados.

Sin embargo existen relatos e investigaciones que muestran, de forma categórica, que las personas se alimentam cada vez menos del dinero y se importan cada vez menos con la riqueza en sí mismos que de otros elementos presentes en la vida.

En artículo publicado por Ed Diener y Scollon, los estudiosos en psicología y teóricos del bienestar y de los índices de felicidad entre los seres humanos, relataron que, en rigor, en la sociedad pós-moderna, marcada por el hedonismo y por relaciones cada vez más efímeras, las personas en general se preocupan mucho más con la idea de felicidad, muy de cerca seguida por los deseos de amor y de salud, que por la riqueza.

¿El mundo todos deseamos?

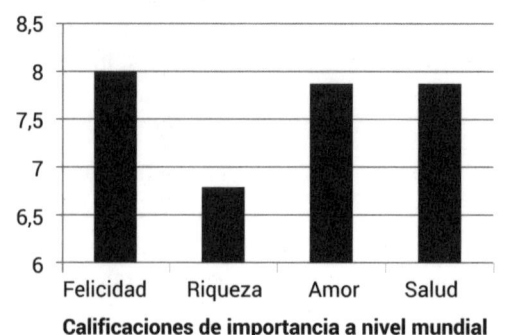

Calificaciones de importancia a nivel mundial

Source: Diener & Scollon.

Bonn, München, 2001), 149-164; Jan PAULSSON, «Arbitration Without Privity», (1995) 10 ICSDI Review-Foreign Investment Law Journal, 232-257.

Lo anterior coincide con los últimos descubrimientos en relación a los índices de depresión y de ansiedad observados tanto en Brasil como alrededor del mundo. En efecto, lo que se sabe cada vez más es que las sociedades actuales, totalmente marcadas por la necesidad de respuestas rápidas, por la competencia entre sus actores, sofocan a las personas que, aun cuando tengan objetivos legítimamente establecidos, nunca se sienten suficientemente respondidas y satisfechas. Cada vez más existe la necesidad de obtener mejores índices para mostrar a los demás o, en algunos casos, a sí mismas, masacrando a las personas y a sus sociedades. El producto de este escenario no podría ser otro sino el crecimiento exacerbado de la ansiedad y de la depresión alrededor del mundo.

Así, el siguiente gráfico explicita un poco esa cruel realidad que devasta a los indivíduos. Ambos cuadros, cuya fuente de investigación es la Organización Mundial de la Salud, de 2015, indican el porcentaje de depresión en algunos países del mundo y el segundo presenta el índice de ansiedad en muchas localidades también, siendo interesante notar que las enfermedades no son observadas únicamente en los países más desarrollados, sino también en los menos desarrollados; en los más ricos y también en los más pobres. En realidad, son fenómenos congénitos. [60]

---

60   Cuadros extraídos de internet (www.google.com.br).

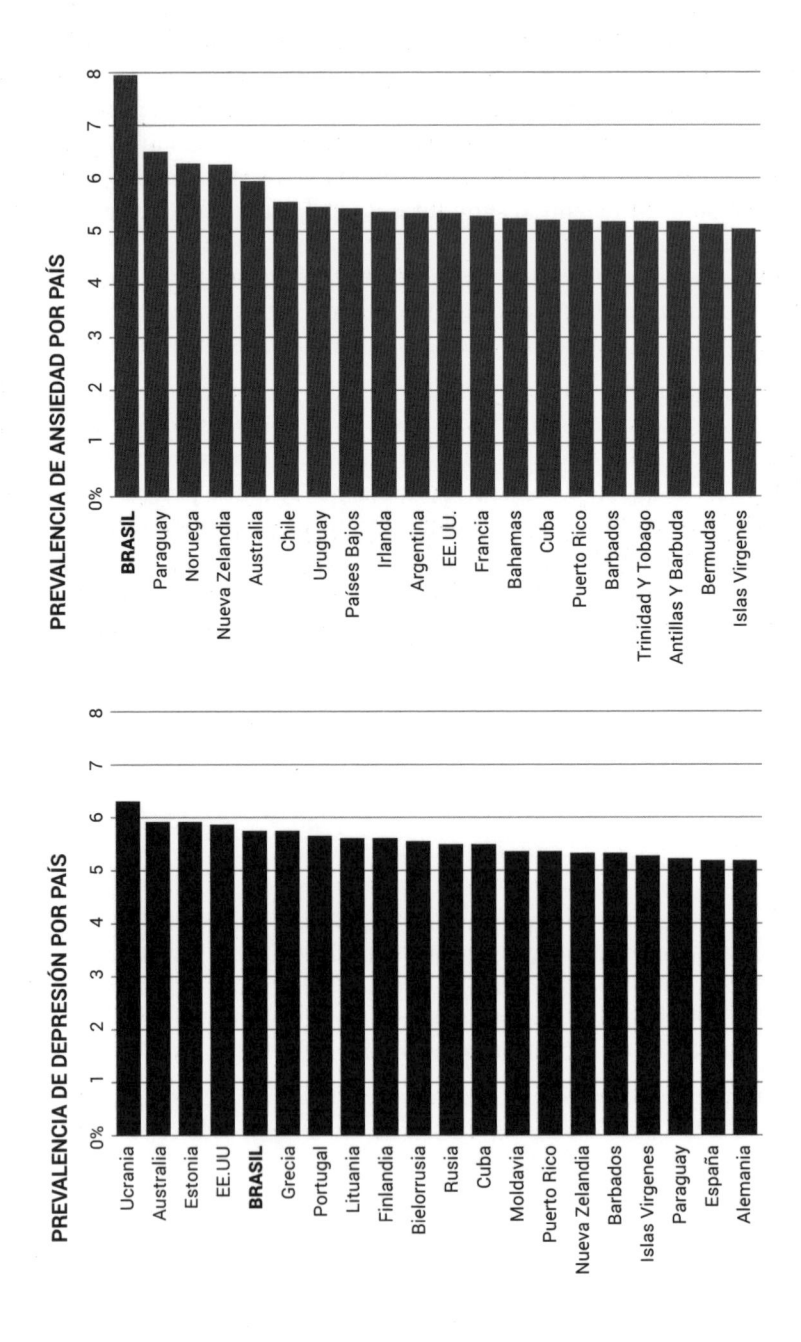

PREVALENCIA DE ANSIEDAD POR PAÍS

BRASIL	~8
Paraguay	~6.5
Noruega	~6.3
Nueva Zelandia	~6.3
Australia	~6.0
Chile	~5.6
Uruguay	~5.5
Países Bajos	~5.5
Irlanda	~5.4
Argentina	~5.4
EE.UU.	~5.4
Francia	~5.3
Bahamas	~5.3
Cuba	~5.2
Puerto Rico	~5.2
Barbados	~5.2
Trinidad Y Tobago	~5.2
Antillas Y Barbuda	~5.2
Bermudas	~5.2
Islas Virgenes	~5.1

PREVALENCIA DE DEPRESIÓN POR PAÍS

País	
Ucrania	~6.3
Australia	~5.9
Estonia	~5.9
EE.UU	~5.85
BRASIL	~5.8
Grecia	~5.75
Portugal	~5.7
Lituania	~5.6
Finlandia	~5.6
Bielorrusia	~5.5
Rusia	~5.5
Cuba	~5.5
Moldavia	~5.4
Puerto Rico	~5.4
Nueva Zelandia	~5.35
Barbados	~5.3
Islas Virgenes	~5.3
Paraguay	~5.25
España	~5.2
Alemania	~5.2

Dicho todo esto, lo importante de la presentación anterior es justamente explorar los reales objetivos de los actores que integran el ambiente del mercado financiero[61]. Esto porque, si no es posible categóricamente admitir que tales agentes andan a contramano del primer gráfico, sí es posible afirmar con cierto grado de seguridad que se dirigen rápidamente en dirección a los índices más tortuosos de depresión y de ansiedad observados en la segunda exposición.

La afirmación adquiere consistencia porque, en realidad, lo que se percibe es que los inversores, que actúan en los mercados financieros, cada vez más nutren sus intereses por el poder, inclusive, más por el poder que eventualmente por las riquezas y por el dinero en sí mismos.

La gran cuestión que se observa es que, en el ambiente del mercado financeiro, los agentes que allí operan, mucho más que tener conflictos de intereses que tengan como fin el acceso a la riqueza, generan conflictos que tienen como fin el mantenimiento del poder. Todo para satisfacer sus egos y la identidad que componen el carácter y la psique de aquel individuo. Así, la riqueza y el dinero en sí mismos son meramente los elementos visibles y más perceptibles que en tesis alimentan los intereses de los agentes que operan en los mercados financeiros. Sin embargo, el hecho es que lo que efectivamente mueve a esos individuos y los hace vivir esa experiencia es la idea de poder, que solamente una visión más profunda permite percibir.

Tal cual el atleta compite y se envicia con los sentimientos de placer y plenitud que nacen de su práctica, el inversor invierte y se fortalece con la producción de adrenalina y de placer que las victorias en ese mercado le proporcionan. Las consecuencias concretas son acciones, dividendos, dinero, activos, riqueza y todo lo demás que quiera destacarse. Sin embargo, el real interés de ese agente no se encuentra en el producto concreto observado, sino en el poder; en el acceso a los recursos e influencias; en la capacidad de gestionar y de decidir lo que el poder ofrece a aquel que lo detenta; en último término, en la respuesta al ego de ese agente.

Un gran problema de esa práctica, no obstante, es que aquel que conduce sus actos mediante esa disciplina tendrá un estilo de vida controlado justa-

---

61 Podría afirmarse que el objetivo sería el de debatir los intereses más profundos de los involucrados y las consecuencias derivadas de esos intereses, pero, naturalmente, ese segundo paso no compete necesariamente a aquel cubierto por el universo jurídico, mas sí a aquellos más atentos a los estudios psicológicos y sociológicos.

mente por la necesidad de victorias a todo momento y a cualquier costo. Aquel que vive la vida de esa manera ignora el gráfico que representa los mayores intereses de las personas, representados en la felicidad, el amor y la salud.

No podría afirmarse que aquel que vive así nada más haría si no aproximarse al gráfico número 1 porque el interés irrestricto por el poder sería justamente su forma de materializar la felicidad para sí porque, además de ser la afirmación naturalmente dotada de clara deshonestidad intelectual, se estaría caminando de forma contraria, también, a los medios que genuinamente son normalmente considerados como aquellos capaces de ofrecer la ansiada felicidad. No es que sea obligatoria la combinación de cada uno de ellos, pero estos medios son: (i) conectarse con personas; (ii) mantenerse activo; (iii) manterse atento a lo que ocurre en la tierra; (iv) manterse eternamente aprendiendo; y (v) dar y donar.

Como es obvio, el agente que actúa en el mercado financiero, con sed de poder, se distancia mucho, en sus más normales actos, de parte considerable de los pasos referidos y, principalmente, de aquel mencionado intencionalmente en último lugar, consistente en dar y donar – sea en sus elementos objetivos o subjetivos.

Aquel que actúa en el mercado y que se ve en una situación de conflicto; aquel que es empresario, socio o accionista, y se ve en un escenario de conflicto, en la más comun de las ocasiones, tiene divergencias con los demás socios o accionistas, no en razón de la naturaleza monetaria que la disputa representa, sino, en verdad, debido a la sensación de placer y de poder que la victoria en la disputa significan. Se trata de una expresión natural del ego, que viene a ser, en último análisis, una autoimagem construida, o un *falso yo*. En estricto, la terminología en sí misma es lo que menos importa, más bien lo importante realmente es percibir que el ego es una creación mental, o una falsa identidad, que no es real.

Es igualmente relevante saber em qué momento el ego se encuentra activo. Esto se produce cuando se está delante de una situación que hace al indivíduo querer tener la razón en todo y a todo costo, quejarse, hacerse de víctima, rotular o juzgar personas, eventualmente atacar o defender a todo costo comportamientos. Por otro lado, cuando el ego es desactivado se pierde el interés en discutir, competir, agredir, criticar, juzgar o estar a la defensiva.

Aun así, lo temerario en el juego del ego consiste en crear identidad por identificaciones. Una vez generada, las diferencias con otros egos son buscadas y, así, cuanto mayores fueren las distinciones, más problemas surgen del conflito, creando una cruzada inconexa para defender las supuestas diferencias. Se genera una lucha fútil, un conflicto de egos que trae como consecuencia el sufrimento psicológico.

Y el gran problema, en cualquiera de los campos de actuación del arbitraje y de los medios extrajudiciales de solución de conflitos en el ambiente del mercado financiero, tanto en Brasil como en España o en Europa, es que la forma como está estructurada la utilización del referido instituto en dichas localidades refuerza claramente la disputa por el poder y el conflicto de egos.

Así, la utilización del arbitraje y de los Mesc's, sea bajo la licencia, en la BM&F Bovespa/B3, del Código de la Anbima o bajo las reglas de gobernanza coorporativa y, en Europa, bajo las disposiciones de la Directiva 2014/65, nada más son que estructuras de un camino natural, que consiste precisamente en el mantenimiento de poder.

Para hacer aun más compleja la situación – especialmente pensando en un pequeño inversor - en una situación de conflicto con la propia sociedad o compañía, no hay forma como ese pequeño inversor pueda hacer frente a la entidad en una disputa equitativa, en la medida en que el proceso arbitral que se requiere, principalmente en el universo de la BM&F Bovespa/B3, resulta demasiado costoso para este agente.

De cualquier forma, la vanidad y el ego que mueven a aquellos que entran en ese mercado indudablemente rompen la barrera de lo razonable y fuerzan a los agentes a competir y a buscar incesantemente la victoria y el éxito, ignorando los preceptos actualmente más valorados por una sociedad enferma y que, infelizmente, camina a pasos acelerados hacia el aumento de los índices de depresión y de ansiedad.

7
CONCLUSIÓN

El presente trabajo se ocupó de analizar el mercado financiero, tanto del Estado de São Paulo, en Brasil, como del continente europeo. En escrito, el análisis se basó, principalmente, en los marcos normativos de esos territorios, buscando hacer un paralelo para reconocer la presencia o no de figuras y procedimientos similares en cuanto a las prácticas observadas en cada lugar.

Lo que se constató fue que en Brasil, específicamente en la BM&F BOVESPA/B3, existe una clara preocupación con la introducción y la aplicación de normas de conducta que busquen valorizar a la empresa inversora, a partir de la implementación de prácticas de gobernanza corporativa.

Existen órganos y entidades que cada vez más buscan implementar conductas más modernas y que conviertan al mercado financiero del Estado de São Paulo en un mercado sólido y seguro. Una de las medidas adoptadas ha sido la utilización del Arbitraje de forma obligatoria como medio de difusión y de resolución de conflictos societarios en empresas que tienen un rol relevante en el mercado financiero.

En el mercado financiero europeo la Directiva 2014/65 reglamenta el mercado financiero y todos sus actores. El instrumento también contiene disposiciones restrictivas y que buscan convertir el mercado de capitales sensiblemente más equilibrado. Procedimientos administrativos y contables sólidos, mecanismos de control interno, procedimientos para la evaluación de riesgos y mecanismos efectivos de control son requeridos, siempre teniendo como objetivo final ofrecer un mercado financiero integrado y respetuoso de los que actúan en él. A pesar que la Comisión de Valores Mobiliarios no tiene función arbitral o incluso una Cámara de arbitraje vinculada a ella, podría considerarse que ella, después de las tentativas de mediación y conciliación, realizadas por el Servicio de reclamaciones (Ombudsman) que ya se aplica, procure estructurar un proceso arbitral.[62] Por más que exista una asociación arbitral vinculada al CByF, el arbitraje aún no es utilizado extensamente en España, **por lo tanto la propuesta**

---

62 *Así lo pone de manifiesto la propia Comisión en el Informe Anual sobre Reclamaciones de 1999, donde afirma: ...se alcanzó un acuerdo entre las partes en la mayor parte de los casos en los que la CNMV había opinado que el reclamante tenía la razón, la reclamación era cuantificada y se había invitado a la entidad a reparar los perjuicios causados a clientes.* (Garín. Beatriz Belando. **La protección pública del inversor em el mercado de valores.** Madrid: Thomson-Civitas, 2004, p. 369. ANDRÉS, Aníbal Sanchez. **Estudios jurídicos sobre el mercado de valores.** Madrid: Thomson-Civitas, 2016.

legislativa de que la CVNM pueda estructurar el arbitraje nacional español está dentro de los límites ya impuestos por la Ley del Mercado de Valores (Lei 47/2007), Ley de Arbitraje (60/2003), artículo 1.1. de la Constitución española, por el Real Decreto 217/2008 y las directivas MIFID (incluso sus niveles) y MIFIR y, además, está dentro de los precedentes del Tribunal Constitucional español, en donde puede utilizarse la estructura dogmática brasilera para tener al arbitraje más presente en el día-a-día de los agentes y consumidores del mercado de valores.[63]

Además de eso, la Directiva – de manera semejante a la BM&BOVESPA/B3 -, promueve mediante disposición expresa el uso de los medios extrajudiciales de resolución de controversias. La semejanza se refiere,

---

63   En relación a la intervención judicial en los arbitrajes, resulta interesante citar al autor español José Medina: *Tema clásico en el derecho del arbitraje es el relativo a la intervención de los tribunales judiciales en el curso de las operaciones arbitrales. La desconfianza inicial fue dejando paso progresivamente a una mayor autonomía del arbitraje respecto de los órganos judiciales, cobrando prestancia y determinando, por reglas y mecanismos propios y adecuados, los cauces de desarrollo autónomo del arbitraje en sus fases y elementos. Básicamente estos momentos son los relativos a la eficacia del convenio arbitral (sustantivos y procesales, que la Ley denomina positivos y negativos), a la administración de las pruebas que los árbitros no pueden llevar a cabo por sí mismos y a la anulación o ejecución de la sentencia. En suma, la intervención de los tribunales judiciales se reduce --dentro del carácter mínimo y tasado señalado-- al apoyo y control de ciertas decisiones en sede arbitral, como justamente se aviene a reconocer la ley. La evolución del derecho del arbitraje, en su versión comun o unitaria, ha marcado muy nítidamente la progresión hacia mayores cotas de autonomía. A ello ha contribuido el reconocimiento del arbitraje institucional, con reglas de procedimiento autónomas para la solución de los problemas de eficacia de la relación arbitral en su conjunto, como también el progresivo reconocimiento de la Kompetenz-Kompetenz de los árbitros y la autonomía de la cláusula compromisoria respecto del contrato principal, la configuración de la acción de nulidad del laudo como única vía de impugnación, evitando el control sobre el fondo, etc. Son éstos otros tantos aspectos que marcan esta evolución y de los que la intervención mínima de los tribunales judiciales es la consecuencia última y más coherente con la naturaleza y la finalidad de la institución que examinamos. Acierto es sin duda de la Ley este reconocimiento y sobre todo la expresión de su fórmula, que debe ser pauta de interpretación y aplicación, como uno de los principios vertebrales --pensamos-- del arbitraje.* (MEDINA, José Maria Chillón, **Valoración Crítica de la nueva ley de arbitraje**. Diario La Ley, Nº 5945, Sección Doctrina, 2 de Febrero de 2004, Año XXV, Ref. D-26, Editorial LA LEY).

naturalmente, al estímulo al uso de estos medios, con la ventaja que la promoción se da no únicamente en relación al Arbitraje, sino de cualquiera de los medios extrajudiciales. La diferencia - posiblemente considerada negativa -, es que existe el estímulo y no un mandato obligatotio a los agentes que operan en el mercado, testigos de conflictos en sus empresas, mientras que en el mercado financiero del Estado de São Paulo, dentro de ciertas condiciones legales, sí existe la obligatoriedad de resolver los conflictos mediante el Arbitraje.

De todos modos, ya se observa el esfuerzo del legislador, al estar atento a las demandas de la sociedad que requiere respuestas más céleres y eficaces en uno de los ambientes de negocios más dinámicos de la interacción social. Por este motivo, contar con mecanismos modernos de resolución de conflictos puede significar una gran diferencia entre estar preparado para las inversiones venideras o perder la próxima gran oportunidad del mercado.

Dicho lo anterior, es necesario, no obstante, hacer la precisión de que aun cuando existan los medios extrajudiciales de solución de conflictos como el arbitraje, y a pesar que sean previstos y estimulados, tanto en suelo brasilero – más específicamente en el mercado financiero del Estado de São Paulo (Brasil) -, así como en el europeo, los grandes conflictos que se producen en esos mercados y que son pasibles de resolución por medio del instituto arbitral, en realidad tienen como elemento fundamental no necesariamente la riqueza de los involucrados, mas sí la necesidad de obtención y mantenimiento de poder, en una expresión clara del ego y de la vanidad de los actores que actúan en ese escenario.

Entonces, la tesis del arbitraje en las bolsas de valores española (Madrid) y de São Paulo está enmarcada en una teoria epistemológica de crecimiento del conocimento mediante resoluciones intelectuales y científicas en que la positivización está establecida. O sea, nada más son que estructuras de un camino natural: el camino natural por el mantenimiento del poder.

BIBLIOGRAFÍA

LIBROS

ALABART. Silvia Díaz. El arbitraje de consumo y la nueva Ley de Arbitraje. Madrid: Actualidad Civil, Nº 11, Sección A Fondo, Quincena del 1 al 15 Jun. 2005, pág. 1285, tomo 1, Editorial LA LEY. LA LEY 1302/2005

ALONSO UREBA, A. y RONCERO SÁNCHEZ, A. Los programas de remuneración del accionista vinculados a la entrega de acciones (*scrip dividends*) y el cómputo del dividendo mínimo como presupuesto de la retribución de los administradores basada en beneficio, RDS, n. 41, 2013, pp. 383-396.

ALVIM, Eduardo Arruda. Direito Processual Civil – teoria geral do processo, processo de conhecimento, juizados especiais cíveis, ações coletivas, repercussão geral no recurso extraordinário, 3ª ed., revisada e ampliada. São Paulo: Editora dos Tribunais, 2010.

ALVIM. José Eduardo Carreira. Comentário à Lei de Arbitragem (Lei nº 9.307, de 23.09.1996). Rio de Janeiro, Lumen Juris, 2002.

ARAGÓN TARDÓN, S. Singularidades de los *scripts dividends* como nueva tendencia de retribuición a los accionistas, RMV, n. 13, 2013, pp. 123-140.

CARVALHOSA, Modesto; EIZIRIK, Nélson. A nova Lei das Sociedade Anônimas. São Paulo: Saraiva, 2001.

CERVIÑO. Alberto Casado Cerviño. El arbitraje de consumo. Actualidad Civil, Nº 4, Sección A Fondo, Quincena del 16 al 28 Feb. 2006, pág. 389, tomo 1, Editorial LA LEY. LA LEY 93/2006.

CREMADES, Bernardo M.; CAIRNS, David Já. El arbitraje em la Encrucijada entre la globalizacion y sus detractores. Diario La Ley, Nº 5538, Sección Doctrina, 7 de Mayo de 2002, Año XXIII, Ref. D-123, pág. 1628, tomo 4, Editorial LA LEY. LA LEY 2089/2002

CREMADES, Bernardo M. Arbitration in Investment Treaties: Public Offer of arbitration in Investment Protection Treaties at BRINER, FORTIER, BERGER and BREDOW (eds.), *Law of International Business and Dispute Settlement in the 21st Century (Liber Amicorum Karl-Heinz Böckstiegel)* (Carl Heymanns Verlag KG, Köln, Berlín, Bonn, München, 2001), 149-164; Jan PAULSSON, «Arbitration Without Privity», (1995) *10 ICSDI Review-Foreign Investment Law Journal*, 232-257.

CRUZ PADIAL, I. Es posible el arbitraje tributário? Revista Impuestos, n. 11, 1999, p. 12.

DIZ. Fernando Martín y GONZÁLES-CASTEL. Adán Carrizo. Mediación en la administración de justicia – Implantación y desarollo. Andavira editora, 2018.

FERNÁNDEZ. Ana Belén Álvarez. Imparcialidad de las instituciones arbitrales: responsabilidade y regulación normativa. Salamanca, 2015.

FERNÁNDEZ MONTALVO, Rafael. El arbitraje: ensayo al recurso contencioso administrativo, Fundacion Wellington, Madrid, 2004.

GARCEZ, José Maria Rossani. Técnicas de negociação. Resolución alternativa de conflictos: ADRs, mediación, conciliación y arbitraje. Rio de Janeiro: Forense, 1999.

GARÍN, Beatriz Belando. La protección pública del inversor en el mercado de valores. Madrid, Thomson - Civitas, 2004.

GOZAÍNI, Osvaldo A. Formas Alternativas para La Resolución de Conflictos: Arbitraje, Mediación, Conciliación, Ombudsman, Procesos Alternativos. Depalma, Buenos Aires, 1995.

GUILHERME, Luiz Fernando do Vale de Almeida. Código Civil comentado e interpretado. 2. Ed. Barueri: Manole, 2017.

GUILHERME, Luiz Fernando do Vale de Almeida. Manual de Arbitragem e Mediação: conciliação e negociação. 4. ed. 5. tiragem, São Paulo: Saraiva Educação, 2018.

GUILHERME, Luiz Fernando do Vale de Almeida. Manual de Direito Civil. Barueri: Manole, 2016.

GUILHERME, Luiz Fernando do Vale de Almeida. Manual dos MESCs: meios extrajudiciais de solução de conflitos. Barueri, SP: Manole, 2016.

GUILHERME, Luiz Fernando do Vale de Almeida. Responsabilidade Civil do Advogado e da Sociedade de Advogados nas Auditorias Jurídicas. São Paulo: Quartier Latin, 2005.

GUILHERME, Luiz Fernando do Vale de Almeida (organizador). Soluções Extra Judiciais de controvérsias empresariais, vol 1. Belo Horizonte, Letramento, 2016.

GUILHERME, Luiz Fernando do Vale de Almeida (organizador). Soluções Extra Judiciais de controvérsias empresariais, vol 2. Belo Horizonte, Letramento, 2017.

GUILHERME, Luiz Fernando do Vale de Almeida (organizador). Soluções Extra Judiciais de controvérsias empresariais, vol 3. Belo Horizonte, Letramento, 2018.

GRINOVER, Ada Pellegrini. DINAMARCO, Cândido, CINTRA, Antonio. Teoria Geral do Processo, 23ª ed. São Paulo: Malheiros Editores, 2007.

HERMIDA. Alberto J. Tapia. Las ofertas públicas de adquisición de valores en España. Teoria y práctica en el décimo aniversario de su regulácion vigente. RDBB, n. 148, 2017, pp.13-56.

IRIBARREN BLANCO, M. Los dividendos electivos o *scrip dividendos*, RDM, n. 284, 2012, pp. 141-180.

JARROSSON, Charles. *La notion d'arbitrage*. Paris, LGDI, 1987.

LEDESMA. Carmen Alonso. Codificación y derecho privado de obligaciones y contratos. RDM, n. 295.

LÓPEZ, Manuel Jesús Marín. La nueva regulación del arbitraje de consumo: el Real Decreto 231/2008, de 15 de febrero. Diario La Ley, Nº 6905, Sección Doctrina, 17 de Marzo de 2008, Año XXIX, Ref. D-82, Editorial LA LEY, LA LEY 9308/2008.

MARESCA LASA, A. Los mecanismos de sustitución de la justicia ordinária civil y jurisdicción contencioso-administrativa em relacion com la Administracion Pública, Boletín del Tribunal Arbitral de Barcelona, n. 11.

MARTÍNEZ, Isabel Rodrígues. El servicio de mediación electrónica de las plataformas de financiación participativas: marco regulador. RDBB n. 149, 2017, pp. 219-254.

MARTÍNEZ, Maria del Carmen Pileño. Comentario sobre el nuevo régimen de folletos de ofertas públicas o admisión a cotización de valores en un mercado regulado (Reglamento UE 2017/1129), RDBB, n. 148, 2017, pp. 253 – 286.

MATA. Federico Bueno de (coord.). Fodertics 3.0 (Estudios sobre nuevas tecnologías y Justicia). Granada: Editorial Comares, 2015.

MATA. Federico Bueno de (coord.). Fodertis 6.0 (Los nuevos retos del derecho ante la era digital). Granada: Editorial Comares, 2017.

MATA. Federico Bueno de (director). Processulus. Estudios sobre derecho procesal. Granada: Editorial Comares, 2015.

MEDINA, José Maria Chillón. Valoración Crítica de la nueva ley de arbitraje. Diario La Ley, Nº 5945, Sección Doctrina, 2 de Febrero de 2004, Año XXV, Ref. D-26, Editorial LA LEY.

PANTALEÓN. Fernando. La responsabilidad civil de los auditores extensión, limitación, prescripción. Madrid: Thomson-Civitas, 1996.

PAZ-ARES. Cándido. La ley, el mercado y la independecia del auditor. Madrid: Thomson-Civitas, 1996.

RODRÍGUEZ, Jose Luíz Rodríguez. Origen, Estructura y Funcionamiento de las juntas arbitrales de consumo. San Sebatián: Instituto Vasco de Derecho Processual (IVADP), 2006.

ROSA MORENO, J. El arbitraje administrativo, MGraw-Hill, Madrid, 1.998.

SÁNCHEZ, Maria José Bobes. Conciliación de intereses públicos y privados en la resolución de las entidades bancárias. RDBB n. 143, 2016, pp. 261 – 282.

SÁNCHEZ, Sara González. Problemática de la mediación societaria. Especial referencia a las sociedades cotizadas. RDBB n. 143, 2016, pp. 165 – 188.

SANCHEZ CALERO. F, Ofertas Publicas de Adquisición de Acciones (OPAs), Ed. Civitas/Thompson Reuteurs, Cizur Menor, 2009.

SÁNCHEZ, Etelvina Andreu et al. El ARBITRAJE DE CONSUMO ELECTRÓNICO, Madrid. Práctica de Tribunales, N° 62, Sección Estudios, Julio-Agosto 2009, Editorial Wolters Kluwer, LA LEY 12501/2009.

SERRANO ANTÓN, F. La terminacion convencional de procedimentos tributários y otras técnicas transacionales, Asociación Española de Asesores Fiscales, Madrid, 1996.

TORNO MAS, J. El consell Tributari del Ayuntamento de Barcelona, DA, n. 220, 1.989.

TORNO MAS, J. Via prevía y garantias de los administrados en la protección jurídica de los ciudadanos, Madrid, Civitas, 1.993.

TARDON, Susana A. Seis años de scrip dividends en el IBEX 35 (2009-2015), RDBB, 142, 2016.

TRATER, J. M., Arbitraje de derecho administrativo, RAP, 147., 1997.

VEZZULLA, Juan Carlos. Teoria e Prática da Mediação. Paraná Instituto de Mediação e Arbitragem do Brasil, 1998.

SITIOS WEB

www.associacioneuropeadearbitraje.org

https://www.boe.es/buscar/act.php?id=BOE-A-2012-9112

http://www.cvnm.es

www.disruptive.com.br

www.esal.es

http://jus2.uol.com.br/doutrina/texto.asp?id=2620

www.fef.es

http://www.ibgc.org.br/home.asp

https://www.bolsasymercados.es/docs/infmercado/2017/esp/IM2017.pdf

www3.eliteccvm.com.br/novo/upload/.../62c57d602a2e086ccaa.pdf

www.josemigueljudice-arbitration.com

www.google.com.br

www.usal.es

editoraletramento
editoraletramento
grupoletramento

editoraletramento.com.br
company/grupoeditorialletramento
contato@editoraletramento.com.br

casadodireito.com   casadodireitoed   casadodireito

Grupo
Editorial
LETRAMENTO

editoraletramento   editoraletramento.com.br

editoraletramento   company/grupoeditorialletramento

grupoletramento   contato@editoraletramento.com.br

casadodireito.com   casadodireitoed   casadodireito

Grupo
Editorial
LETRAMENTO

SITES WEB

www.associacioneuropeadearbitraje.org

https://www.boe.es/buscar/act.php?id=BOE-A-2012-9112

http://www.cvnm.es

www.disruptive.com.br

www.esal.es

http://jus2.uol.com.br/doutrina/texto.asp?id=2620

www.fef.es

http://www.ibgc.org.br/home.asp

https://www.bolsasymercados.es/docs/infmercado/2017/esp/IM2017.pdf

www3.eliteccvm.com.br/novo/upload/.../62c57d602a2e086ccaa.pdf

www.josemigueljudice-arbitration.com

www.google.com.br

www.usal.es

PAZ-ARES. Cándido. La ley, el mercado y la independecia del auditor. Madrid: Thomson-Civitas, 1996.

RODRÍGUEZ, Jose Luíz Rodríguez. Origen, Estructura y Funcionamiento de las juntas arbitrales de consumo. San Sebatián: Instituto Vasco de Derecho Processual (IVADP), 2006.

ROSA MORENO, J. El arbitraje administrativo, MGraw-Hill, Madrid, 1.998.

SÁNCHEZ, Maria José Bobes. Conciliación de intereses públicos y privados en la resolución de las entidades bancárias. RDBB n. 143, 2016, pp. 261 – 282.

SÁNCHEZ, Sara González. Problemática de la mediación societaria. Especial referencia a las sociedades cotizadas. RDBB n. 143, 2016, pp. 165 – 188.

SANCHEZ CALERO. F, Ofertas Publicas de Adquisición de Acciones (OPAs), Ed. Civitas/Thompson Reuteurs, Cizur Menor, 2009.

SÁNCHEZ, Etelvina Andreu et al. El ARBITRAJE DE CONSUMO ELECTRÓNICO, Madrid. Práctica de Tribunales, Nº 62, Sección Estudios, Julio-Agosto 2009, Editorial Wolters Kluwer, LA LEY 12501/2009.

SERRANO ANTÓN, F. La terminacion convencional de procedimentos tributários y otras técnicas transaccionales, Asociación Española de Asesores Fiscales, Madrid, 1996.

TORNO MAS, J. El consell Tributari del Ayuntamento de Barcelona, DA, n. 220, 1.989.

TORNO MAS, J. Via prevía y garantias de los administrados en la protección jurídica de los ciudadanos, Madrid, Civitas, 1.993.

TARDON, Susana A. Seis años de scrip dividends en el IBEX 35 (2009-2015), RDBB, 142, 2016.

TRATER, J. M., Arbitraje de derecho administrativo, RAP, 147., 1997.

VEZZULLA, Juan Carlos. Teoria e Prática da Mediação. Paraná Instituto de Mediação e Arbitragem do Brasil, 1998.

GRINOVER, Ada Pellegrini. DINAMARCO, Cândido, CINTRA, Antonio. Teoria Geral do Processo, 23ª ed. São Paulo: Malheiros Editores, 2007.

HERMIDA. Alberto J. Tapia. Las ofertas públicas de adquisición de valores en España. Teoria y práctica en el décimo aniversario de su regulácion vigente. RDBB, n. 148, 2017, pp.13-56.

IRIBARREN BLANCO, M. Los dividendos electivos o *scrip dividendos*, RDM, n. 284, 2012, pp. 141-180.

JARROSSON, Charles. *La notion d'arbitrage.* Paris, LGDI, 1987.

LEDESMA. Carmen Alonso. Codificación y derecho privado de obligaciones y contratos. RDM, n. 295.

LÓPEZ, Manuel Jesús Marín. La nueva regulación del arbitraje de consumo: el Real Decreto 231/2008, de 15 de febrero. Diario La Ley, Nº 6905, Sección Doctrina, 17 de Marzo de 2008, Año XXIX, Ref. D-82, Editorial LA LEY, LA LEY 9308/2008.

MARESCA LASA, A. Los mecanismos de sustitución de la justicia ordinária civil y jurisdicción contencioso-administrativa em relacion com la Administracion Pública, Boletín del Tribunal Arbitral de Barcelona, n. 11.

MARTÍNEZ, Isabel Rodrígues. El servicio de mediación electrónica de las plataformas de financiación participativas: marco regulador. RDBB n. 149, 2017, pp. 219-254.

MARTÍNEZ, Maria del Carmen Pileño. Comentario sobre el nuevo régimen de folletos de ofertas públicas o admisión a cotización de valores en un mercado regulado (Reglamento UE 2017/1129), RDBB, n. 148, 2017, pp. 253 – 286.

MATA. Federico Bueno de (coord.). Fodertics 3.0 (Estudios sobre nuevas tecnologías y Justicia). Granada: Editorial Comares, 2015.

MATA. Federico Bueno de (coord.). Fodertis 6.0 (Los nuevos retos del derecho ante la era digital). Granada: Editorial Comares, 2017.

MATA. Federico Bueno de (director). Processulus. Estudios sobre derecho procesal. Granada: Editorial Comares, 2015.

MEDINA, José Maria Chillón. Valoración Crítica de la nueva ley de arbitraje. Diario La Ley, Nº 5945, Sección Doctrina, 2 de Febrero de 2004, Año XXV, Ref. D-26, Editorial LA LEY.

PANTALEÓN. Fernando. La responsabilidad civil de los auditores extensión, limitación, prescripción. Madrid: Thomson-Civitas, 1996.

DIZ. Fernando Martín y GONZÁLES-CASTEL. Adán Carrizo. Mediación en la administración de justicia – Implantación y desarollo. Andavira editora, 2018.

FERNÁNDEZ. Ana Belén Álvarez. Imparcialidad de las instituciones arbitrales: responsabilidade y regulación normativa. Salamanca, 2015.

FERNÁNDEZ MONTALVO, Rafael. El arbitraje: ensayo al recurso contencioso administrativo, Fundacion Wellington, Madrid, 2004.

GARCEZ, José Maria Rossani. Técnicas de negociação. Resolución alternativa de conflictos: ADRs, mediación, conciliación y arbitraje. Rio de Janeiro: Forense, 1999.

GARÍN, Beatriz Belando. La protección pública del inversor en el mercado de valores. Madrid, Thomson - Civitas, 2004.

GOZAÍNI, Osvaldo A. Formas Alternativas para La Resolución de Conflictos: Arbitraje, Mediación, Conciliación, Ombudsman, Procesos Alternativos. Depalma, Buenos Aires, 1995.

GUILHERME, Luiz Fernando do Vale de Almeida. Código Civil comentado e interpretado. 2. Ed. Barueri: Manole, 2017.

GUILHERME, Luiz Fernando do Vale de Almeida. Manual de Arbitragem e Mediação: conciliação e negociação. 4. ed. 5. tiragem, São Paulo: Saraiva Educação, 2018.

GUILHERME, Luiz Fernando do Vale de Almeida. Manual de Direito Civil. Barueri: Manole, 2016.

GUILHERME, Luiz Fernando do Vale de Almeida. Manual dos MESCs: meios extrajudiciais de solução de conflitos. Barueri, SP: Manole, 2016.

GUILHERME, Luiz Fernando do Vale de Almeida. Responsabilidade Civil do Advogado e da Sociedade de Advogados nas Auditorias Jurídicas. São Paulo: Quartier Latin, 2005.

GUILHERME, Luiz Fernando do Vale de Almeida (organizador). Soluções Extra Judiciais de controvérsias empresariais, vol 1. Belo Horizonte, Letramento, 2016.

GUILHERME, Luiz Fernando do Vale de Almeida (organizador). Soluções Extra Judiciais de controvérsias empresariais, vol 2. Belo Horizonte, Letramento, 2017.

GUILHERME, Luiz Fernando do Vale de Almeida (organizador). Soluções Extra Judiciais de controvérsias empresariais, vol 3. Belo Horizonte, Letramento, 2018.

LIVROS

ALABART. Silvia Díaz. El arbitraje de consumo y la nueva Ley de Arbitraje. Madrid: Actualidad Civil, N° 11, Sección A Fondo, Quincena del 1 al 15 Jun. 2005, pág. 1285, tomo 1, Editorial LA LEY. LA LEY 1302/2005.

ALONSO UREBA, A. y RONCERO SÁNCHEZ, A. Los programas de remuneración del accionista vinculados a la entrega de acciones (*scrip dividends*) y el cómputo del dividendo mínimo como presupuesto de la retribución de los administradores basada en beneficio, RDS, n. 41, 2013, pp. 383-396.

ALVIM, Eduardo Arruda. Direito Processual Civil – teoria geral do processo, processo de conhecimento, juizados especiais cíveis, ações coletivas, repercussão geral no recurso extraordinário, 3ª ed., revisada e ampliada. São Paulo: Editora dos Tribunais, 2010.

ALVIM. José Eduardo Carreira. Comentário à Lei de Arbitragem (Lei n° 9.307, de 23.09.1996). Rio de Janeiro, Lumen Juris, 2002.

ARAGÓN TARDÓN, S. Singularidades de los *scripts dividends* como nueva tendencia de retribuición a los accionistas, RMV, n. 13, 2013, pp. 123-140.

CARVALHOSA, Modesto; EIZIRIK, Nélson. A nova Lei das Sociedade Anônimas. São Paulo: Saraiva, 2001.

CERVIÑO. Alberto Casado Cerviño. El arbitraje de consumo. Actualidad Civil, N° 4, Sección A Fondo, Quincena del 16 al 28 Feb. 2006, pág. 389, tomo 1, Editorial LA LEY. LA LEY 93/2006.

CREMADES, Bernardo M.; CAIRNS, David Já. El arbitraje em la Encrucijada entre la globalizacion y sus detractores. Diario La Ley, N° 5538, Sección Doctrina, 7 de Mayo de 2002, Año XXIII, Ref. D-123, pág. 1628, tomo 4, Editorial LA LEY. LA LEY 2089/2002.

CREMADES, Bernardo M. Arbitration in Investment Treaties: Public Offer of arbitration in Investment Protection Treaties at BRINER, FORTIER, BERGER and BREDOW (eds.), *Law of International Business and Dispute Settlement in the 21st Century (Liber Amicorum Karl-Heinz Böckstiegel)* (Carl Heymanns Verlag KG, Köln, Berlín, Bonn, München, 2001), 149-164; Jan PAULSSON, «Arbitration Without Privity», (1995) *10 ICSDI Review-Foreign Investment Law Journal*, 232-257.

CRUZ PADIAL, I. Es posible el arbitraje tributário? Revista Impuestos, n. 11, 1999, p. 12.

BIBLIOGRAFIA

mas de qualquer dos meios extrajudiciais. A diferença - possivelmente considerada negativa -, é que há o estímulo e não qualquer mandamento obrigacional aos agentes que transitam no mercado e que vejam crises e conflitos em suas empresas, ao passo que no mercado financeiro do Estado de São Paulo, dentro das circunstâncias legais, ocorre a obrigatoriedade de deslinde por meio da Arbitragem.

De todo modo, já se presencia o esforço por parte do legislador ao ficar atento às intenções da sociedade que clama por respostas mais céleres e eficazes em um dos ambientes negociais mais dinâmicos da interação social. Por isso, ter mecanismos modernos de resolução de conflitos pode significar a diferença entre estar preparado para os próximos investimentos e perder a próxima grande oportunidade do mercado.

Dito tudo isso, é preciso, porém, fazer o apontamento que dê conta de que, ainda que existam os meios extrajudiciais de solução de conflitos como a arbitragem, e ainda que sejam previstos e estimulados, tanto em solo brasileiro – mais especificamente no mercado financeiro do Estado de São Paulo (Brasil) -, quanto no europeu, os grandes conflitos vivenciados nesse mercado e que são passíveis de resolução por meio do instituto arbitral, na realidade tem como elemento fundamental não necessariamente a riqueza dos envolvidos, mas sim a necessidade de ganho e de manutenção de poder, em um demonstração nítida do ego e da vaidade dos atores que atuam nesse cenário.

Então, a tese da arbitragem nas bolsas de valores espanhola (Madri) e de São Paulo está pautada em uma teoria epistemológica de crescimento do conhecimento mediante resoluções intelectuais e científicas em que a positivação estatuída. Ou seja, nada mais são do que estruturas de um caminho natural: o caminho natural pela manutenção do poder.

a CVNM possa estruturar a arbitragem nacional espanhola esta dentro dos limites já impostos pela Lei de Mercado de Valores (Lei 47/2007), Lei de Arbitragem (60/2003), artigo 1.1. da Constituição espanhola, pelo Real Decreto 217/2008 e as diretivas MIFID (inclusive seus níveis) e MIFIR e, ainda, dentro dos precedentes do Tribunal Constitucional espanhol, onde pode-se utilizar a estrutura dogmática brasileira para se ter a arbitragem mais presente no dia-a-dia dos agentes e consumidores do mercado de valores.[63]

Além disso, a Diretiva - assemelhando-se à BM&BOVESPA/B3 -, incentiva com dispositivo expresso o uso dos meios extrajudiciais de solução de controvérsias. A semelhança se refere, naturalmente, ao estímulo ao uso, com a vantagem que dá conta ao encorajamento não apenas da Arbitragem,

---

63 Em relação a intervenção judicial nas arbitragens, interessante se faz citar o autor espanhol José Medina: *Tema clásico en el derecho del arbitraje es el relativo a la intervención de los tribunales judiciales en el curso de las operaciones arbitrales. La desconfianza inicial fue dejando paso progresivamente a una mayor autonomía del arbitraje respeto de los órganos judiciales, cobrando prestancia y determinando, por reglas y mecanismos propios y adecuados, los cauces de desarrollo autónomo del arbitraje en sus fases y elementos. Básicamente estos momentos son los relativos a la eficacia del convenio arbitral (sustantivos y procesales, que la Ley denomina positivos y negativos), a la administración de las pruebas que los árbitros no pueden llevar a cabo por sí mismos y a la anulación o ejecución de la sentencia. En suma, la intervención de los tribunales judiciales se reduce --dentro del carácter mínimo y tasado señalado-- al apoyo y control de ciertas decisiones en sede arbitral, como justamente se aviene a reconocer la ley. La evolución del derecho del arbitraje, en su versión común o unitaria, ha marcado muy nítidamente la progresión hacia mayores cotas de autonomía. A ello ha contribuido el reconocimiento del arbitraje institucional, con reglas de procedimiento autónomas para la solución de los problemas de eficacia de la relación arbitral en su conjunto, como también el progresivo reconocimiento de la Kompetenz-Kompetenz de los árbitros y la autonomía de la cláusula compromisoria respecto del contrato principal, la configuración de la acción de nulidad del laudo como única vía de impugnación, evitando el control sobre el fondo, etc. Son éstos otros tantos aspectos que marcan esta evolución y de los que la intervención mínima de los tribunales judiciales es la consecuencia última y más coherente con la naturaleza y la finalidad de la institución que examinamos. Acierto es sin duda de la Ley este reconocimiento y sobre todo la expresión de su fórmula, que debe ser pauta de interpretación y aplicación, como uno de los principios vertebrales --pensamos-- del arbitraje.* (MEDINA, José Maria Chillón, **Valoración Crítica de la nueva ley de arbitraje.** Diario La Ley, Nº 5945, Sección Doctrina, 2 de Febrero de 2004, Año XXV, Ref. D-26, Editorial LA LEY)

O presente trabalho se ocupou de analisar o mercado financeiro, tanto do Estado de São Paulo, no Brasil, quanto o do continente europeu. A rigor, a análise se baseou, sobretudo, nas legislações desses territórios, procurando fazer um paralelo entre os ambientes para reconhecer a presença ou não de figuras e expedientes similares quanto às práticas visualizadas em cada local.

O que se percebeu foi que no Brasil, mais especificamente na BM&F BOVESPA/B3, há a clara preocupação com a introdução e a aplicação de normas de conduta que procurem valorizar a empresa investidora, a partir da colocação de práticas de governança corporativa.

Há órgãos e entidades que cada vez mais buscam implementar condutas mais modernas e que tornem o mercado financeiro do Estado de São Paulo sólido e seguro. Uma das medidas adotadas foi a utilização da Arbitragem de forma obrigatória como meio de dispersão e de definição de conflitos societários em empresas que façam parte de um rol deveras relevante ao mercado financeiro.

No mercado financeiro europeu a Diretiva 2014/65 regulamenta o mercado financeiro e todos os seus atores. O instrumento também contém disposições restritivas e que buscam tornar o mercado de capitais sensivelmente mais equilibrado. Procedimentos administrativos e contábeis sólidos, mecanismos de controle interno, procedimentos para a avaliação de riscos e mecanismos efetivos de controle são requeridos, sempre tendo como objetivo finalístico prover um mercado financeiro integrado e respeitoso aos que o vivenciam. Apesar da Comissão de Valores Mobiliários não ter função arbitral ou até mesmo uma Câmara de arbitragem vinculada a ela, poder-se-ia opinar para que ela após as tentativas de mediação e conciliação trazidas pelo Serviço de reclamações (Ombudsman) que já faz, cuidasse de estruturar um procedimento arbitral.[62] Por mais que haja uma associação arbitral linkado ao CByF a arbitragem ainda não é utilizada largamente na Espanha, **portanto a sugestão legislativa de que**

---

62 *Así lo pone de manifiesto da propia Comisión en el Informe Anual sobre Reclamaciones de 1.999, donde afirma: ...se alcanzó um acuerdo entre las partes en la mayor parte de los casos en los que la CNMV había opinado que el reclamante tenta razón, la reclamación era cuantificada y se **había invitado** ala entidade a reparar los perjuicios causados a clientes.* (Garín. Beatriz Belando. **La protección pública del inversor em el mercado de valores.** Madrid: Thomson-Civitas, 2004, p. 369. ANDRÉS, Aníbal Sanchez. **Estudios jurídicos sobre el mercado de valores.** Madrid: Thomson-Civitas, 2016.

7
CONCLUSÃO

advêm do conflito, fundando uma cruzada sem nexo para defender as supostas diferenças. Percebe-se um embate fútil, um conflito de egos que traz como consequência o sofrimento psicológico.

E o grande problema, em quaisquer dos campos de atuação da arbitragem e dos meios extrajudiciais de solução de conflitos no ambiente do mercado financeiro, tanto no Brasil quanto na Espanha ou na Europa, é que a forma como estão estruturadas a utilização de referidos institutos nessas localidades apenas reforçam a disputa pelo poder e o conflito de egos.

Assim, a utilização da arbitragem e dos Mesc's, seja sob a licença, na BM&F Bovespa/B3, do Código da Anbima ou sob as regras de governança coorporativa e, na Europa, sob a chance da Diretiva 2014/65, nada mais são do que estruturas de um caminho natural, que consiste justamente na manutenção de poder.

E então, para piorar – sobretudo pensando naquele pequeno investidor -, não há como, em uma situação de conflito com a sociedade ou a companhia, esse pequeno investidor fazer frente à entidade em uma disputa justa, na medida em que o procedimento arbitral requerido, principalmente no universo da BM&F Bovespa/B3, é demasiadamente custoso a esse agente.

Seja como for, a vaidade e o ego que movem aqueles que adentram nesse mercado indubitavelmente rompem a barreira do razoável e forçam os agentes a competirem e a buscarem incessantemente a vitória e o sucesso, dando de ombros aos preceitos atualmente mais valorizados por uma sociedade enferma e que, infelizmente, caminha a passos largos para a elevação dos índices de depressão e de ansiedade.

custo. Aquele que experiencia a vida dessa maneira dá de ombros ao gráfico que elenca os maiores interesses das pessoas, estilizados na felicidade, no amor e na saúde.

E nem se poderia afirmar que aquele que vive assim nada mais faria do que senão se aproximar do gráfico número 1 porque o interesse irrestrito no poder seria justamente a sua forma de materializar a felicidade para si porque, além de a afirmação ser naturalmente dotada de desonestidade intelectual clara, estaria se caminhando de forma contrária, também, aos meios que genuinamente também costumam ser colocados como aqueles capazes de oferecer a felicidade requisitada. Não que seja obrigatória a combinação, ao mesmo tempo, de cada um deles, mas são: (i) conectar-se com pessoas; (ii) manter-se ativo; (iii) manter-se atento ao que ocorre no globo; (iv) manter-se eternamente aprendendo; e (v) dar e doar.

Ora, obviamente, o agente que atua no mercado financeiro, com sede de poder, muito se distancia, em suas medidas mais normais aos seus atos, de parte considerável dos passos elencados e, principalmente, daquele posicionado de forma voluntária em último lugar que consiste em dar e doar – seja o seu tempo ou demais itens e elementos objetivos ou subjetivos.

Aquele que atua no mercado e que se enxerga na situação de conflito; aquele que é empresário, sócio ou acionista, e se vê em cenário belicoso, na mais comum das vezes, conflita com os demais sócios ou acionistas não por conta da resposta monetária que a disputa acarreta, mas, na verdade, por conta da sensação de prazer e de poder que a vitória na disputa representam. Trata-se de uma expressão natural do ego, que vem a ser, em última análise, uma autoimagem construída, ou um *falso eu*. A rigor, a terminologia em si é o que menos importa, mas o importante realmente é perceber que o ego é uma criação mental, ou uma falsa identidade, que não é real.

E, também, é relevante saber quando ele está ativo. Isso se dá quando se está diante de situação que faz o indivíduo querer ter razão em tudo a todo o custo, queixar-se, fazer-se de vítima, rotular ou julgar pessoas, eventualmente atacar ou defender comportamentos. Por outro lado, quando o ego é desativado se perde o interesse em discutir, competir, agredir, criticar, julgar ou ficar na defensiva.

Ainda o temerário no jogo do ego consiste em criar identidade por identificações. Uma vez instaurada, as diferenças com outros egos são buscadas e, assim, quanto maiores forem as distinções, mais problemas

Dito tudo isso, o importante da apresentação acima é justamente explorar os reais objetivos dos personagens que compõem o ambiente do mercado financeiro[61]. Isso porque, se não é possível categoricamente admitir que tais agentes caminham na contramão do primeiro gráfico, é possível de se afirmar com certo grau de segurança que trafegam rapidamente em direção aos índices mais tortuosos de depressão e de ansiedade vislumbrados na segunda exposição.

A afirmação ganha consistência porque, em verdade, o que se percebe é que os investidores, militantes nos mercados financeiros, cada vez mais nutrem os seus interesses pelo poder até mais do que eventualmente pelas riquezas e pelo dinheiro em si.

A grande questão observada é que, no ambiente do mercado financeiro, os agentes que ali transitam, muito mais do que travarem conflitos de interesses que tenham como fim o acesso à riqueza, engendram conflitos que têm como fim a detenção e a manutenção do poder. Tudo para satisfazer seus egos e a identidade que compõe o caráter e a psique daquele indivíduo. Assim, a riqueza e o dinheiro em si são meramente os elementos visuais e mais perceptíveis que em tese alimentariam os interesses dos agentes que transitam nos mercados financeiros. Mas o fato é que o que efetivamente move esses indivíduos e os faz viver essa experiência é a ideia de poder que somente uma visão mais profunda faz perceber.

Tal qual o atleta compete e se vicia nos sentimentos de prazer e de completude advindos de sua prática, o investidor investe e se fortifica com o despejamento de adrenalina e de prazer que as vitórias nesse mercado trazem a ele. E a consequência tátil são ações, dividendos, dinheiro, ativos e riqueza, e tudo mais o que se quer destacar. Mas o real interesse desse agente não está no produto objetivo observado, mas sim no poder; no acesso aos recursos e influências; na capacidade de gerir e de decidir que o poder oferta a aquele que o detém com seus resultados; e, em última análise, na resposta ao ego desse agente.

Um grande problema dessa prática, porém, é que aquele que conduz os seus atos mediante essa disciplina dialoga com um estilo de vida pautado justamente pela necessidade das vitórias a todo momento e a qualquer

---

61 Poderia se afirmar que o objetivo seria o de debater os interesses mais profundos dos envolvidos e as consequências advindas desses interesses, mas, naturalmente, esse segundo passo não compete necessariamente a aquele envolto pelo universo jurídico, mas sim ao militante mais atento aos estudos psicológicos e sociológicos.

PREVALÊNCIA DE DEPRESSÃO POR PAÍS

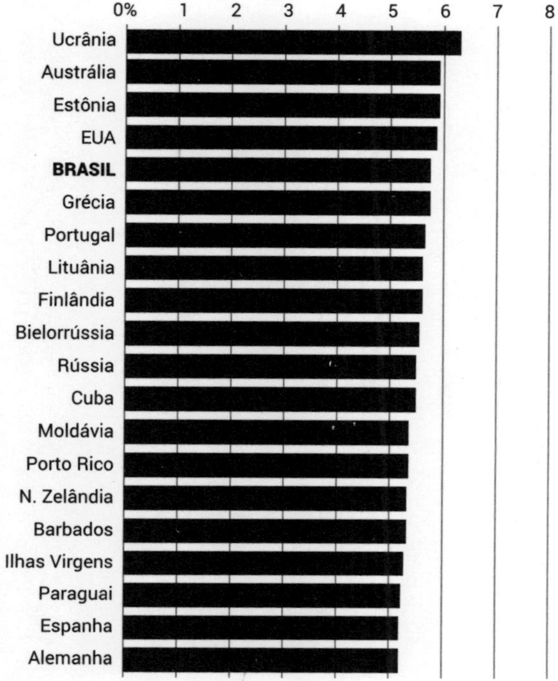

- Ucrânia
- Austrália
- Estônia
- EUA
- **BRASIL**
- Grécia
- Portugal
- Lituânia
- Finlândia
- Bielorrússia
- Rússia
- Cuba
- Moldávia
- Porto Rico
- N. Zelândia
- Barbados
- Ilhas Virgens
- Paraguai
- Espanha
- Alemanha

PREVALÊNCIA DE ANSIEDADE POR PAÍS

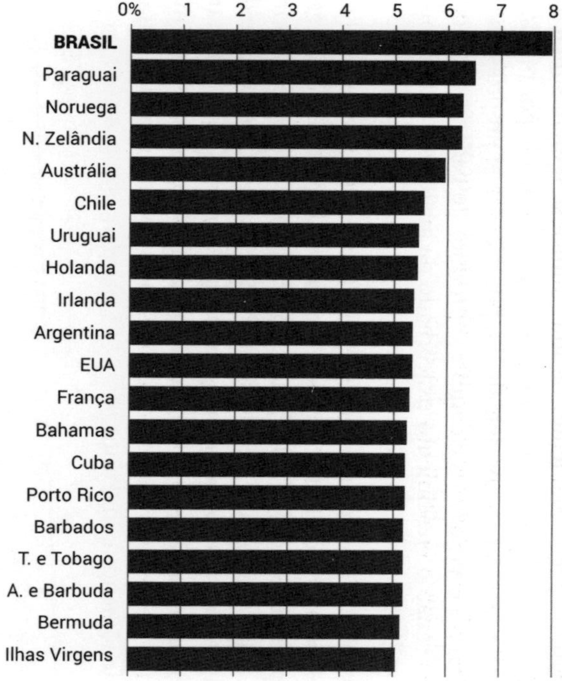

- **BRASIL**
- Paraguai
- Noruega
- N. Zelândia
- Austrália
- Chile
- Uruguai
- Holanda
- Irlanda
- Argentina
- EUA
- França
- Bahamas
- Cuba
- Porto Rico
- Barbados
- T. e Tobago
- A. e Barbuda
- Bermuda
- Ilhas Virgens

atuais, completamente marcadas pela necessidade de respostas rápidas, pela competição entre os seus atores, sufocam as pessoas que, mesmo ao atingirem os legitimamente traçados, nunca se sentem suficientemente respondidas e saciadas. Cada vez mais a necessidade por melhores índices para mostrarem aos demais ou, por vezes, a si próprias, massacram as pessoas e as suas sociedades e o produto do cenário não poderia ser outro senão o crescimento exacerbado da ansiedade e da depressão ao redor do mundo.

Assim, o gráfico abaixo apenas explicita um pouco dessa cruel realidade que assola os indivíduos. Ambos, cuja fonte de pesquisa é a Organização Mundial da Saúde, de 2015, indica o percentual de depressão em alguns dos países do mundo, e o segundo apresenta o índice de ansiedade em muitas localidades também, sendo que o interessante é notar que as enfermidades não são observadas apenas nos países mais desenvolvidos ou nos menos; nos mais ricos ou nos mais pobres, mas sim, em verdade, são fenômenos congênitos. [60]

---

60   Quadros encontrados na internet (www.google.com.br).

6.1. OS REAIS INTERESSES DOS CONDUTORES DE NEGÓCIOS NAS BOLSAS DE VALORES

Muito se comenta e eventualmente se sabe a respeito das razões para que empresas, mantidas, obviamente, por pessoas, alimentem cada vez mais a sua "fome de crescimento" e a sua gula incessante e sem término. É comum que a legitimação para esse ímpeto voraz esteja abrigada na busca por lucros e melhores resultados, para a distribuição de dividendos e o deleite de seus sócios ou acionistas.

E a ideia principal por detrás dessa volúpia seria, assim normalmente entendida, o acesso a recursos e opções que justamente o *bônus* dos melhores resultados traz aos envolvidos.

Mas já há relatos e pesquisas que mostram, de forma categórica, que as pessoas se alimentam cada vez menos do dinheiro e se importam cada vez menos com a riqueza em si do que com outros elementos presenciados na vida.

Em artigo publicado por Ed Diener e Scollon, os estudiosos em psicologia e teóricos do bem estar e dos índices de felicidade entre os seres humanos, relataram que, a rigor, na sociedade pós moderna, marcada pelo hedonismo e por relações cada vez mais efêmeras, as pessoas em geral se preocupam muito mais com a ideia de felicidade, bem de perto seguida pelos anseios de amor e pela saúde, do que pela riqueza.

O mundo que nós queremos?

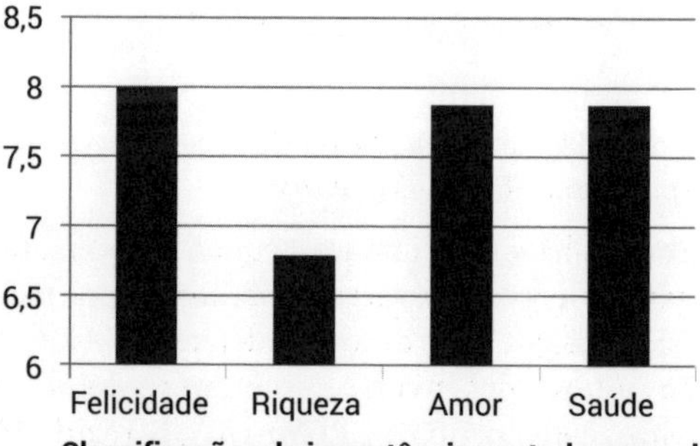

Classificações de importância em todo o mundo

Source: Diener & Scollon.

E isso apenas se coaduna com as últimas descobertas em relação aos índices de depressão e de ansiedade observados tanto no Brasil quanto ao redor do mundo. A rigor, o que cada vez mais se sabe é que as sociedades

> *Ninguém aprende o sentido da vida*
> *até que coloque o seu ego à disposição*
> *para servir aos seus irmãos*
>
> (Ralph Wald Emerson[58])

Esse trabalho, até o momento, cuidou de apresentar as características e as vicissitudes do mercado financeiro brasileiro, em contraposição ao mercado de negócios na Europa. Acompanhou-se um pouco das disposições contidas mais detidamente na bolsa de valores do Estado de São Paulo, orquestrada pela BM&F Bovespa/B3, com a instrumentalização de práticas de governança corporativa e a obrigatória utilização do instrumento arbitral como resolução de conflitos de interesses de determinado cenário.

Por outro lado, tendo por base o ambiente europeu, percebeu-se, principalmente, as muitas semelhanças observadas em seu mercado financeiro com, inclusive, o estímulo ao uso dos meios extrajudiciais de solução de conflitos para as situações envolvendo empresas pertencentes a esse universo.

Ocorre, porém, que há que ser debatido outro ponto nevrálgico em relação às estruturas de organização e controle dos mercados financeiros trazidos. Ambas, BM&F Bovespa/B3 em São Paulo, e bolsas de valores residentes na Europa – aquelas sob os preceitos da Diretiva 2014/65 -, são conjuntos que reúnem pessoas, jurídicas ou naturais, com os seus interesses próprios, mas com aquele que é o mais avassalador de todos que consiste na exploração e na manutenção dos elementos mais intrínsecos aos mantenedores dessas pessoas, jurídicas ou naturais: o *ego* ou a *briga de egos* entre esses respectivos agentes[59].

---

58 *Ralph Waldo Emerson foi um escritor, ensaísta e filósofo estado-unidense, e um dos fundadores do movimento Transcedentalismo.*

59 En la actualidad, es hãäoitual que los pequeños inversores se dirijan a la CNMV solicitando su opinión experta sobre alguna práctica incorrecta de la que han sido víctimas por parte de los operadores. (GARÍN, Beatriz Belando. **La protección pública del inversor en el mercado de valores**, Madrid, Thomson-Civitas, 2004, p. 363). CREMADES, Bernardo M. Arbitration in Investment Treaties: **Public Offer of arbitration in Investment Protection Treaties** at BRINER, FORTIER, BERGER and BREDOW (eds.), Law of International Business and Dispute Settlement in the 21st Century (Liber Amicorum Karl-Heinz Böckstiegel) (Carl Heymanns Verlag KG, Köln, Berlín, Bonn, München, 2001), 149-164; Jan PAULSSON, «Arbitration Without Privity», (1995) 10 ICSDI Review-Foreign Investment Law Journal, 232-257.

6
DAS SEMELHANÇAS: BRASIL E EUROPA

De toda feita, a Negociação – diferentemente dos outros meios extrajudiciais tradicionais, como a Arbitragem, a Mediação e a Conciliação -, não apresenta a figura de um terceiro para procurar contribuir com o desfecho do entrave. Na verdade, são as próprias partes que, informalmente, promovem a incursão de um conjunto de técnicas, trabalhadas e estudadas, para tentar alcançar o êxito nas tratativas entre elas.

Com tudo isso, ao fim, o que se percebe é que a Diretiva 2014/65, atenta às práticas mais modernas de resolução de litígios entre as partes, posiciona-se de maneira pro-ativa e, com o estímulo aos meios extrajudiciais de solução de controvérsias, impulsiona o mercado financeiro europeu a resolver eventuais litígios entre as partes que o compõem de maneira mais rápida e eficaz, uma vez que os mecanismos pertencentes aos meios extrajudiciais são amplamente capacitadas para resolvê-los.

Seja como for, a crítica que pode, mesmo assim, residir na Diretiva, consiste no fato de que o instrumento encoraja o uso dos mecanismos, **mas não os obriga**, como presenciado no mercado financeiro brasileiro, nas hipóteses descritas no regramento do Brasil.[56]

Mesmo assim, o próprio fato de haver a determinação explícita dando conta de que os Estados Membros assegurarão que os órgãos, institutos e câmaras arbitrais não sejam de alguma forma impedidos de atuar, já significa avanço na melhor forma de resolução de controvérsias no mercado financeiro europeu[57].

---

56 Deve se questionar essa obrigatoriedade para aquele investidor de fundos atrelados à papéis Nível Novo Mercado.

57 El modelo español de regulación de las inversiones en la financiación participativa está aún muy lejos de ofrecer un régimen completo y específico de las obligaciones de las plataformas de financiación participativa en su principal labor de mediación electrónica, por ejemplo, donde este contracto debe estar mas estructurado jurídicamente y conocido pelos usuarios para no tener conflictos. MARTÍNEZ, Isabel Rodrígues. **El servicio de mediación electrónica de las plataformas de financiación participativas: marco regulador**, RDBB, n. 149, 2018, pp. 253-254.

para resolver um conflito de interesses entre pessoas litigante[54].

Trazendo para o debate desse texto e, sendo mais exato, a Conciliação consiste em uma iniciativa a partir da qual os envolvidos empreendem esforços para a solução de litígios se valendo do auxílio de um terceiro que atua como conciliador, agindo de modo imparcial e gerenciando as partes para uma melhor solução, também oferecendo alternativas.

A leitura do conceito pouco faz crer que existe grande diferença em relação à Mediação. Afinal de contas, em ambas o que se verifica é a existência de um conflito entre duas partes; a presença de um terceiro, imparcial e alheio ao relatado embate, que procura, de algum modo, colaborar com o deslinde.

Mas a diferença fundamental entre ambos os institutos, Conciliação e Mediação, é que no último o papel do terceiro (mediador) é mais reservado ao melhor canal de comunicação entre as partes, tendo uma atuação menos incisiva na relação entre as pessoas, uma vez que não apresenta ideias ou opiniões. Já na Conciliação, embora deveras parecida com a Mediação, a participação do terceiro, também imparcial e alheio ao entrave, é mais aguda, efetivamente atuando de modo a conciliar as partes, apresentando eventuais opiniões, possíveis soluções e não apenas as mediando.

5.7.3. NEGOCIAÇÃO

A respeito da Negociação[55], insta dizer desde cedo que os próprios estudiosos a respeito do assunto divergem quanto à natureza de meio extrajudicial de solução de controvérsias ou não. Isso porque a Negociação, mais do que um mecanismo de solução de litígio, pode ser, antes de mais nada, uma técnica empregada em uma dinâmica vivenciada entre duas ou mais partes sem que haja, de fato, necessariamente um conflito entre elas. Pode ser simplesmente um instrumento colocado na dinâmica específica que espelha pessoas buscando os melhores resultados para si, com a possibilidade, também, de objetivarem o melhor resultado comum.

54　DIZ. Fernando Martín y GONZÁLES-CASTEL. Adán Carrizo. **Mediación en la administración de justicia – Implantación y desarrollo.** Andavira editora, 2018. El concepto de mediación y conciliación no se encuentran distintos, pero tras un inicio para el medio en España, por eso el comentario en el capítulo de conciliación.

55　GUILHERME, Luiz Fernando do Vale de Almeida. **Op. Cit.**, Barueri, 2016. GUILHERME, Luiz Fernando do Vale de Almeida. **Op. Cit**, Saraiva, 2018.

A ARBITRAGEM NA BOLSA DE VALORES DE SÃO PAULO (B3) E MADRID (BME)

supõe a composição, o acordo e a transação[52-53], sempre como medida

---

52　Sobre o tema, também teci algumas palavras em "Manual de Arbitragem e Mediação, Conciliação e Negociação", ao declarar que "importa dizer que a conciliação e a transação podem parecer apresentar terminologia sinonímica. Em muitas ocasiões, diga-se, é assim que a própria lei se dirige a ambas. Pode-se notar isso com o art. 584, III, do CPC/73, revogado pela Lei n. 11.232, de 2015, que ao delinear os títulos executivos judiciais dispõe como um dos títulos a sentença homologatória de conciliação ou de transação. Porém, em outros momentos, parecem os termos ser díspares, já que o art. 487, III, b, do CPC/2015 assevera que o processo será extinto com julgamento do mérito quando as partes transigirem (e não, conciliarem), enquanto o art. 331, § 1º, do CPC/73 (art. 334 do CPC/20154), ao dispor sobre a audiência preliminar, define que obtida a conciliação (e não a transação) essa será homologada por sentença. Desse modo, paira a dúvida quanto ao real significado empregado em ambos os termos, já que em muitos episódios o próprio construtor da lei não prima por uma perfeita técnica, usando terminologias iguais com significados diversos e expressões distintas com significado que lhes é comum. Seja como for, a conciliação é um expediente que tem em vista as partes no propósito de prevenirem ou resolverem um litígio. Refere-se à conduta – as partes se conciliaram. Já a transação se refere ao conteúdo – aquilo que a transação versou sobre. Sendo assim, é possível se afirmar que no processo a conciliação ocorre mediante uma transação. Os litigantes se conciliam transigindo. Dito isso, a conciliação é um termo que vai além da transação. Os conflitantes poderiam se conciliar abrindo mão da demanda, por exemplo, ou ainda renunciando a esta após o seu ingresso em juízo. No entanto, o criador normativo entendeu por bem considerar a conciliação por intermédio da transação. O Código de Processo Civil, ao tratar da conciliação, ilustra esta existindo por intermédio de transação. É por essa razão que o legislador aponta no art. 487, III, b, do CPC/2015 que o processo será extinto com julgamento do mérito quando as partes transigirem. Naturalmente, poderia ter afirmado "quando as partes se conciliarem", mas isso seria dizer pouco, já que a conciliação é uma conduta das partes – é o ato de se colocar em harmonia; e a transação é o acordo mediante concessões mútuas". (GUILHERME, Luiz Fernando do Vale de Almeida. **Manual de Arbitragem e Mediação, Conciliação e Negociação** – de acordo com o NCPC, alteração da Lei nº 9.307/96 e Lei de Mediação: Saraiva: São Paulo, 2018, ps. 52, 53 e 54).

53　Vide artigos 840 a 850 do CC, já que transação é considerada pela lei brasileira um contrato em espécie (arts. 481-853 do CC).

O fato é que a Diretiva, ao escrever o seu artigo 75, impulsiona claramente o uso da instituto, reconhecendo a sua relevância e capacidade de solver litígios.

5.7.2. CONCILIAÇÃO

Antes de mais nada, como muito bem cita o autor argentino Osvaldo Gozaíni,

> *conciliar supone avenimiento entre intereses contrapuestos; es armonía establecida entre dos o más personas con posiciones disidentes. El verbo proviene del latín conciliatio, que significa composición de ánimos en diferencia*[51].

O conteúdo do renomado autor vem bem a calhar, uma vez que bem orienta o sentido básico e lógico da ideia de conciliar. Assim sendo, pres-

---

51 GOZAÍNI, Osvaldo A. Formas **Alternativas para La Resolución de Conflictos**: Arbitraje, Mediación, Conciliacón, Ombudsman, Processos Alternativos. Depalma, Buenos Aires, 1995, p. 39.

a técnica privada de solução de conflitos que vem demonstrando, no mundo, sua grande eficiência nos conflitos interpessoais, pois com ela, são as próprias partes que acham as soluções. O mediador somente as ajuda a procurá-las, introduzindo, com suas técnicas, os critérios e os raciocínios que lhes permitirão um entendimento melhor.[47]

Já Augusto Cesar Ramos, tendo em mente a ausência de formalismo[48] adstrita ao instituto, destaca as maiores vantagens do instituto ao observar a:

rapidez e eficácia de resultados; a redução do desgaste emocional e do custo financeiro; garantia de privacidade e sigilo; redução da duração e reincidência de litígios; facilitação da comunicação[49].

A Mediação, outro meio extrajudicial de solução de conflitos, está calcada na efetivação da arte da linguagem para fazer ganhar vida ou recriar o elo entre pessoas. Consiste na intervenção de um terceiro, neutro, buscando a intermediação da relação conflituosa. Assim, o mediador operacionaliza a comunicação. Antes de mais nada, ajuda no resgate do diálogo até uma solução.

Ao fim e ao cabo, o mediador atua como um facilitador[50] e trabalha a comunicação e a relação dos litigantes a partir de um conjunto de técnicas e de habilidades que devem ser desenvolvidas em cursos especializados de capacitação, com práticas supervisionadas que englobam abordagens, modelos ou escolas de mediação.

---

47 VEZZULLA, Juan Carlos. **Teoria e Prática da Mediação**. Paraná: Instituto de Mediação e Arbitragem do Brasil, 1998, p.15 e 16.

48 O instituto apresenta ainda como suas características principais (i) a autonomia da vontade das partes para a sua instauração; (ii) a preservação dos laços entre as partes; (iii) a economicidade; (iv) a confidencialidade; (v) a celeridade; (vi) a oralidade: (vii) o consensualismo; e, naturalmente, (viii) a boa-fé,

49 RAMOS, Augusto Cesar. **Mediação e arbitragem na Justiça do Trabalho**. Jus Navigandi, Teresina, ano 6, n. 54, fev. 2002. Disponível em: <http://jus2.uol.com.br/doutrina/texto.asp?id=2620>. Acesso em: 18 out. 2010.

50 Além de incrementar os canais de comunicação entre as partes, conforme apresentado em "Manual de Arbitragem e Mediação, Conciliação e Negociação", recai ao mediador também os princípios da independência, da imparcialidade, da aptidão e da diligência.

alheio à disputa e também às partes, busca-se a facilitação do diálogo e a melhor compreensão dos anseios de cada das partes, estimulando-as a encontrar soluções com benefícios e a satisfação mútuos e que sejam sustentáveis no tempo.

Dando maior profundidade, conforme conceitua Juan Carlos Vezzulla, Mediação é:

las relaciones que son objeto del conflicto. La figura del mediador es, de acuerdo con su conformación natural, la pieza esencial del modelo, puesto que es quien ayuda a encontrar una solución dialogada y voluntariamente querida por las partes. La actividad de mediación se despliega en múltiples ámbitos profesionales y sociales, requiriendo habilidades que en muchos casos dependen de la propia naturaleza del conflicto. El mediador ha de tener, pues, una formación general que le permita desempeñar esa tarea y sobre todo ofrecer garantía inequívoca a las partes por la responsabilidad civil en que pudiese incurrir.

Igualmente, la Ley utiliza el término mediador de manera genérica sin prejuzgar que sea uno o varios.

Se tiene presente el papel muy relevante en este contexto de los servicios e instituciones de mediación, que desempeñan una tarea fundamental a la hora de ordenar y fomentar los procedimientos de mediación.

Corolario de esta regulación es el reconocimiento del acuerdo de mediación como título ejecutivo, lo que se producirá con su ulterior elevación a escritura pública, cuya ejecución podrá instarse directamente ante los tribunales. En la regulación del acuerdo de mediación radica el tercer eje de la mediación, que es la desjuridificación, consistente en no determinar de forma necesaria el contenido del acuerdo restaurativo o reparatorio.

El marco flexible que procura la Ley pretende ser un aliciente más para favorecer el recurso a la mediación, de tal forma que no tenga repercusión en costes procesales posteriores ni se permita su planteamiento como una estrategia dilatoria del cumplimiento de las obligaciones contractuales de las partes. Así se manifiesta en la opción de la suspensión de la prescripción cuando tenga lugar el inicio del procedimiento frente a la regla general de su interrupción, con el propósito de eliminar posibles desincentivos y evitar que la mediación pueda producir efectos jurídicos no deseados. La presente Ley se circunscribe estrictamente al ámbito de competencias del Estado en materia de legislación mercantil, procesal y civil, que permiten articular un marco para el ejercicio de la mediación, sin perjuicio de las disposiciones que dicten las Comunidades Autónomas en el ejercicio de sus competencias.

Con el fin de facilitar el recurso a la mediación, se articula un procedimiento de fácil tramitación, poco costoso y de corta duración en el tiempo. (https://www.boe.es/ buscar/act.php?id=BOE-A-2012-9112).

voluntad de las partes, y puede ser un hábil coadyuvante para la reducción de la carga de trabajo de aquéllos, reduciendo su intervención a aquellos casos en que las partes enfrentadas no hayan sido capaces de poner fin, desde el acuerdo, a la situación de controversia.

Asimismo, esta Ley incorpora al Derecho español la Directiva 2008/52/CE del Parlamento Europeo y del Consejo, de 21 de mayo de 2008, sobre ciertos aspectos de la mediación en asuntos civiles y mercantiles. Sin embargo, su regulación va más allá del contenido de esta norma de la Unión Europea, en línea con la previsión de la disposición final tercera de la Ley 15/2005, de 8 de julio, por la que se modifica el Código Civil y la Ley de Enjuiciamiento Civil en materia de separación y divorcio, en la que se encomendaba al Gobierno la remisión a las Cortes Generales de un proyecto de ley sobre mediación.

*La Directiva 2008/52/CE se limita a establecer unas normas mínimas para fomentar la mediación en los litigios transfronterizos en asuntos civiles y mercantiles. Por su lado, la regulación de esta norma conforma un régimen general aplicable a toda mediación que tenga lugar en España y pretenda tener un efecto jurídico vinculante, si bien circunscrita al ámbito de los asuntos civiles y mercantiles y dentro de un modelo que ha tenido en cuenta las previsiones de **la Ley Modelo de la CNUDMI sobre Conciliación Comercial Internacional de 24 de junio de 2002. (grifou-se).***

Precisamente, el transcurso del plazo de incorporación al ordenamiento jurídico español de la Directiva 2008/52/CE, que finalizó el 21 de mayo de 2011, justificó el recurso al real decreto-ley, como norma adecuada para efectuar esa necesaria adaptación de nuestro Derecho, con lo que se puso fin al retraso en el cumplimiento de esta obligación, con las consecuencias negativas que comporta para los ciudadanos y para el Estado por el riesgo de ser sancionado por las instituciones de la Unión Europea.

Las exclusiones previstas en la presente norma no lo son para limitar la mediación en los ámbitos a que se refieren sino para reservar su regulación a las normas sectoriales correspondientes.

III - El modelo de mediación se basa en la voluntariedad y libre decisión de las partes y en la intervención de un mediador, del que se pretende una intervención activa orientada a la solución de la controversia por las propias partes. El régimen que contiene la Ley se basa en la flexibilidad y en el respeto a la autonomía de la voluntad de las partes, cuya voluntad, expresada en el acuerdo que la pone fin, podrá tener la consideración de título ejecutivo, si las partes lo desean, mediante su elevación a escritura pública. En ningún caso pretende esta norma encerrar toda la variedad y riqueza de la mediación, sino tan sólo sentar sus bases y favorecer esta alternativa frente a la solución judicial del conflicto. Es aquí donde se encuentra, precisamente, el segundo eje de la mediación, que es la deslegalización o pérdida del papel central de la ley en beneficio de un principio dispositivo que rige también en

5.7.1. MEDIAÇÃO

A mediação[46] é um meio auto compositivo de resolução de conflitos que, por intermédio da atuação de um terceiro imparcial (mediador),

---

garantias de los administrados en la protección jurídica de los ciudadanos, Madrid, Civitas, 1.993, p. 647. MARESCA LASA, A. **Los mecanismos de sustitución de la justicia ordinária civil y jurisdicción contencioso-administrativa en relación con la Administracion Pública**, Boletín del Tribunal Arbitral de Barcelon, n. 11, p. 7; SERRANO ANTÓN, F. **La terminacion convencional de procedimentos tributários y otras técnicas transaccionales**, Asociación Española de Asesores Fiscales, Madrid, 1996; ROSA MORENO, J. **El arbitraje administrativo**, McGraw-Hill, Madrid, 1.998.

46 Muito interessante trazer o preâmbulo da Lei espanhola de mediação (Lei 5/2012) dividido em três partes: *I - Una de las funciones esenciales del Estado de Derecho es la garantía de la tutela judicial de los derechos de los ciudadanos. Esta función implica el reto de la implantación de una justicia de calidad capaz de resolver los diversos conflictos que surgen en una sociedad moderna y, a la vez, compleja.*

En este contexto, desde la década de los años setenta del pasado siglo, se ha venido recurriendo a nuevos sistemas alternativos de resolución de conflictos, entre los que destaca la mediación, que ha ido cobrando una importancia creciente como instrumento complementario de la Administración de Justicia.

Entre las ventajas de la mediación es de destacar su capacidad para dar soluciones prácticas, efectivas y rentables a determinados conflictos entre partes y ello la configura como una alternativa al proceso judicial o a la vía arbitral, de los que se ha de deslindar con claridad. La mediación está construida en torno a la intervención de un profesional neutral que facilita la resolución del conflicto por las propias partes, de una forma equitativa, permitiendo el mantenimiento de las relaciones subyacentes y conservando el control sobre el final del conflicto.

II - A pesar del impulso que en los últimos años ha experimentado en España, en el ámbito de las Comunidades Autónomas, hasta la aprobación del Real Decreto-ley 5/2012 se carecía de una ordenación general de la mediación aplicable a los diversos asuntos civiles y mercantiles, al tiempo que asegurara su conexión con la jurisdicción ordinaria, haciendo así efectivo el primero de los ejes de la mediación, que es la desjudicialización de determinados asuntos, que pueden tener una solución más adaptada a las necesidades e intereses de las partes en conflicto que la que podría derivarse de la previsión legal.

La mediación, como fórmula de autocomposición, es un instrumento eficaz para la resolución de controversias cuando el conflicto jurídico afecta a derechos subjetivos de carácter disponible. Como institución ordenada a la paz jurídica, contribuye a concebir a los tribunales de justicia en este sector del ordenamiento jurídico como un último remedio, en caso de que no sea posible componer la situación por la mera

A ARBITRAGEM NA BOLSA DE VALORES DE SÃO PAULO (B3) E MADRID (BME)

de dissolver e resolver o conflito. Trata-se de uma medida certamente inteligente e correta que o mercado financeiro brasileiro adotou, a fim de ver eventuais conflitos societários debatidos e definidos de maneira mais rápida e não menos técnica.

O ambiente europeu não obriga a utilização da Arbitragem nos conflitos societários[41] - o que poderia eventualmente soar contraproducente ou até inconstitucional[42] -, mas, ao menos, estimula não apenas a utilização da Arbitragem como dos demais meios extrajudiciais de soluções de conflitos. Nesse particular, cabe fazer algumas pequenas observações a respeito deles, pois que, se não há uma determinação contumaz a respeito da lista que os compõem há, ao menos, aqueles que historicamente são assim considerados[43].

Em um trabalho de direito público, Beatriz Belando Garíz preleciona: *uno de los instrumentos más interesantes con que la CNMV podría contar en la protección de los intereses de los inversores es, sin lugar a dudas, el arbitraje.*[44-45]

Os demais devem cumprir o previsto no estatuto social da Petrobras, de que toda contestação de acionistas seja levada à Câmara de Arbitragem da Bovespa. (www.gazetadopovo.com.br)

41   FERNÁNDEZ MONTALVO, Rafael. **El arbitraje: ensayo al recurso contencioso administrativo**, Fundacion Wellington, Madrid, 2004.

42   El Tribunal Constitucional Español entiende: un equivalente jurisdiccional, mediante el cual las partes pueden obtener los mismos objetivos que con la jurisdicción civil (esto es, la obtención de una decisión que ponga fin al conflicto con todos los efectos de la cosa juzgada). (STC 15/1.989, F. 9. Y STC 62/1.991, F. 5). O sea, en definitiva un método de heterocomposición basado en la voluntad de las partes para obligarse.

43   Aqui não será exposto o instituto da Arbitragem porque referido mecanismo extrajudicial de solução de controvérsias já fora aqui anteriormente apresentado e igualmente debatido.

44   GARÍN, Beatriz Belando. **La protección pública del inversor en el mercado de valores**. Madrid, Thomson- Civitas, 2004, p. 362.

45   *La virtualidad del arbitraje para resolver controvérsias sigue levantando polemica, de ello da constancia la abundante literatura que se há volcado sobre la misma:* TRATER, J. M., **Arbitraje de derecho administrativo**, RAP, 147., 1997, p 75; CRUZ PADIAL, I. **Es posible el arbitraje tributário?** Revista Impuestos, n. 11, 1999, p. 12; TORNO MAS, J. **El consell Tributari del Ayuntamento de Barcelona**, DA, n. 220, 1.989, pp. 207-226; TORNO MAS, j. E.. **Via prévia y**

Artigo 75: Mecanismo extrajudicial para reclamações de investidores

I - Os Estados-Membros devem encorajar a criação de procedimentos de reclamação e de recurso eficientes e eficazes para a resolução extrajudicial de litígios de consumo relativos à prestação de serviços de investimento e seus auxiliares prestados por empresas de investimento, utilizando os organismos existentes, quando apropriado.

II - Os Estados-Membros devem assegurar que esses órgãos não sejam impedidos por disposições legais ou regulamentares de cooperar efetivamente na resolução de litígios transfronteiriços.

Nesse sentido, a disposição dá o tom da preocupação dos instituidores da Diretiva e, em última análise, da própria Comunidade Europeia, atenta aos expedientes mais atuais de combate aos litígios.

Conforme dito em capítulo oportuno, em um ambiente globalizado, de profundas e céleres transformações, não soa nada razoável esperar que eventuais contendas, entre grandes agentes econômicos, sejam apreciadas pelo Poder Judiciário, geralmente solapado pelo grande número de processos, em todos os países, mesmo nos mais evoluídos.

Além disso, não se trata apenas do esgotamento das Casas judicantes mas sim, antes de mais nada, da eventual dificuldade da via judicial de lidar com os mais específicos e complexos temas, geralmente mais bem delineados e manuseados por organismos e pessoas acostumadas a essa técnica.

Essas são, justamente, algumas das principais vantagens observadas nos meios extrajudiciais de solução de litígios, calcados, sobretudo, na celeridade e, também, na maior técnica dos agentes que transitam no setor.

No Brasil, como já discutido, observados os requisitos, ficam obrigadas as partes a terem seu conflito discutido e decidido por uma Câmara Arbitral[40]. Consiste, portanto, na utilização da Arbitragem como meio

---

40 Em notícia publicada recentemente: *A Câmara de Arbitragem da Bovespa abriu processo para analisar o pedido de ressarcimento de prejuízo que 40 fundos de investimento dos Estados Unidos, donos de cerca de R$ 1,5 bilhão em ações preferenciais e ordinárias da Petrobras, alegam ter tido com os casos de corrupção investigados pela Operação Lava Jato. Segundo uma fonte nos EUA ouvida pelo Broadcast, serviço de informação em tempo real do Grupo Estado, os investidores estimam prejuízo de US$ 2 bilhões. Esse grupo foi obrigado a recorrer à arbitragem por imposição da Justiça norte-americana, que se limitou a julgar o pedido de compensação feito por donos de ações adquiridas na Bolsa de Nova York, as ADRs.*

Conforme já adiantado linhas acima, a autorização para a operação no mercado só é referendada se a autoridade competente considera que tanto o operador do mercado como o próprio sistema do mercado cumpre os requisitos contidos na norma diretiva.

Assim, o operador de mercado deve fornecer todas as informações, os tipos de negócios previstos e a sua estrutura organizacional.

Já os Estados Membros devem exigir que o operador de mercado desempenhe as suas tarefas sob a égide e a supervisão da autoridade competente, sendo certo que os mesmos Estados devem assegurar que as autoridades regulem de forma costumeira o mercado financeiro, em compasso com a própria Diretiva. Ou seja, existe a forte tendência de sempre se ver e rever a conduta de atuação dos agentes, para que não passe despercebida nenhuma prática danosa ao sistema. Com isso, observa-se um grande número de "*back ups*", "redundâncias" saudáveis em prol do mercado saudável.

Também é responsabilidade do operador, em consonância com o artigo 44, III[39], garantir que o mercado que ele atua respeito os requisitos apresentados na própria Diretiva

5.7. UTILIZAÇÃO DE MECANISMOS EXTRAJUDICIAIS DE SOLUÇÃO DE LITÍGIOS

Capítulo que diretamente dialoga com outros elementos do presente trabalho está representado no artigo 75 da Diretiva 2014/65. Isso porque o mandamento, claramente, em atenção aos mais modernos preceitos de resolução de controvérsias, estimula a adoção de meios extrajudiciais de solução de litígios para, naturalmente, pôr fim ou no mínimo dirimir eventuais entraves dessa natureza vivenciados dentro do ambiente do mercado financeiro europeu. Assim, diz o artigo:

---

39   Artigo 44: Autorização e direito aplicável

III - Os Estados-Membros devem assegurar que o operador do mercado seja responsável por garantir que o mercado que ele administra respeite todos os requisitos do presente título.

Os Estados-Membros devem igualmente assegurar que o operador do mercado tenha o direito de exercer os direitos que correspondem ao mercado que administra em virtude da presente Diretiva.

as informações sobre essas transações junto à autoridade competente e, no mais tardar, no encerramento do dia útil seguinte.

Seguindo toada similar, a Diretiva também exige que as empresas de investimento que realizem transações em mercados que admitam negociação, a tornarem público o volume e o preço das citadas transações e o momento em que foram concluídas, conforme o inciso II do artigo 20[37] da Diretiva. Além disso, também são, novamente, rediscutidas práticas de proteção ao mercado, conforme o inciso III[38] do mesmo artigo.

5.6. AS DISPOSIÇÕES CONTIDAS NO ARTIGO 44 DA DIRETIVA 2014/65

Os aspectos debatidos até o presente momento confirmam certa similitude entre o ambiente do mercado financeiro europeu e o brasileiro. Porém, possivelmente, o ponto mais preponderante do mercado de capitais da Europa, sob o abrigo da Diretiva 2014/65, consiste nos ditames trazidos pelo artigo 44.

---

37 II. Os Estados-Membros devem exigir que as empresas de investimento que, por conta própria ou em nome de terceiros, realizem transações em mercados que admitam a negociação em um mercado regulamentado, tornar público o volume e o preço dessas transações e o momento em que foram concluídas. A informação deverá ser tornada pública o mais próximo possível, levando em conta as práticas e os costumes comerciais razoáveis.

38 Artigo 20:

III – A fim de assegurar o funcionamento transparente e ordenado dos mercados e a aplicação uniforme do inciso I, a Comissão adotará, de acordo com o procedimento referido no inciso II do artigo 64, medidas de execução que:

(a) especifiquem os meios pelos quais as empresas de investimento podem cumprir as obrigações que lhes incumbem por força do inciso I, incluindo as seguintes possibilidades:

1 - através das instalações de qualquer mercado regulamentado que tenha admitido o instrumento em questão à negociação ou através das facilidades de um MTF em que a participação em questão é negociada;

2 - através dos escritórios de um terceiro;

3 - através de acordos de propriedade;

(b) Esclarecer a aplicação da obrigação prevista no inciso I para transações envolvendo o uso de ações por garantias, empréstimos ou outros fins em que a troca de ações é determinada por fatores diferentes da avaliação atual do mercado da ação.

(b) *estabelecer critérios adequados para determinar os tipos de conflito de interesses cuja existência pode prejudicar os interesses dos clientes ou potenciais clientes da empresa de investimento. (grifou-se)*

O que se verifica, mais uma vez, é a preocupação das regras do mercado com a reputação e, principalmente, o bem-estar dos agentes que transitam no mercado, sobretudo quando da realização dos investimentos. O teor do artigo e seus incisos dão bem a medida da transparência a ser adotada pelo mercado quando existem conflitos de interesses e as suas repercussões. Assim, na hipótese de os procedimentos internos dos agentes não serem suficientes para garantir que os riscos de danos aos interesses dos clientes sejam evitados, devem os agentes as fontes do conflito antes que seja realizada a operação em nome do cliente.

Ademais, há, também, a anuência para que sejam adotadas medidas que definam passos que as empresas podem aguardar para identificar, prevenir, gerenciar ou divulgar conflitos de interesse ao fornecer serviços de investimento e auxiliares e suas combinações; e, por último, para que sejam estabelecidos critérios adequados para a determinação das formas de conflito de interesses cuja existência possa prejudicar os interesses dos clientes ou potenciais clientes da empresa de investimento.

5.5. MANUTENÇÃO DA INTEGRIDADE DO MERCADO

Outro aspecto substancial acerca dos afazeres dos agentes militantes no mercado financeiro é o dever de manutenção da integridade do ambiente. Para tanto, diz o artigo 25, I do Regulamento (UE) 600/2014 e alguns de seus incisos:

Artigo 25 – Regulamento (UE) 600/2014:

I - Os Estados-Membros devem exigir que as empresas de investimento mantenham à disposição da autoridade competente, durante pelo menos cinco anos, os dados relevantes relativos a todas as transações que realizaram, seja por conta própria ou em nome de um cliente. No caso de transações realizadas em nome de clientes, os registos devem conter todas as informações e detalhes da identidade do cliente e as informações exigidas pela Diretiva 91/308 / CEE do Conselho, de 10 de Junho de 1991, relativa à prevenção da utilização do sistema financeiro para fins de lavagem de dinheiro.

II - Os Estados-Membros devem exigir que as empresas de investimento que executem transações em financeiras informem o mais rapidamente possível

adesão das práticas de forma voluntária e, em caso de exigência legal, a necessidade de a instituição aderir ao programa dentro de determinado prazo para que implemente o conjunto de práticas. No Brasil, inclusive, há, novamente, o estímulo para a adoção da Arbitragem nos casos de litígios.

O fato é que existe a forte tendência de aumentar a utilização das práticas de governança corporativa e, ainda que na Europa haja, em certas situações, denominações ou procedimentos distintos, também se verifica a preocupação com um ambiente do mercado de capitais com políticas de integração entre os polos dos agentes que, ao fim, ofereçam maior valor à empresa.

5.4. OS CONFLITOS DE INTERESSES NO MERCADO DE CAPITAIS EUROPEU

Como instrumento disciplinador geral do mercado de capitais em solo europeu, a Diretiva 2014/65 abre um capítulo específico para lidar com os conflitos de interesses. Diz, em tradução livre, o artigo 23 do instrumento:

Artigo 23: Conflitos de interesses

I - Os Estados-Membros devem exigir que as empresas de investimento **tomem todas as medidas razoáveis para identificar os conflitos de interesses entre si,** *incluindo os seus gestores, funcionários e agentes vinculados, ou qualquer pessoa direta ou indiretamente ligada a esse controle pelo controle, no decurso da prestação de qualquer investimento, serviços auxiliares ou de suas combinações.*

II - Quando os procedimentos organizacionais ou administrativos feitos pela empresa de investimento, em conformidade com o inciso III do artigo 16, para gerir conflitos de interesses não forem suficientes para garantir, de forma confiável, que os riscos de danos aos interesses dos clientes serão evitados, a empresa de investimento deverá divulgar claramente natureza geral e/ou fontes de conflitos de interesse para o cliente antes de realizar negócios em seu nome.

4 – Levando em consideração a evolução técnica dos mercados financeiros e assegurar a aplicação uniforme dos incisos I e II, **a Comissão adotará,** *nos termos do inciso II do artigo 64,* **medidas** *de execução para:*

(a) definir as etapas que as empresas de investimento podem razoavelmente esperar para identificar, prevenir, gerenciar e/ou divulgar conflitos de interesse ao fornecer vários serviços de investimento e auxiliares e suas combinações;

A ARBITRAGEM NA BOLSA DE VALORES DE SÃO PAULO (B3) E MADRID (BME)

É importante ter em mente o citado artigo e seus incisos, sobretudo os de número II, III e V (segunda parte) e, mais adiante, o inciso VI. A leitura dos textos revela a semelhança com os procedimentos de segurança e de governança corporativa observados no Brasil e em seu mercado de capitais.

O inciso II do artigo 16 destaca a necessidade de o agente investidor estabelecer políticas apropriadas para que fique o agente dentro dos protocolos de gestão saudável. A medida se estende não apenas à própria empresa, mas, também, aos seus funcionários, gestores e afins.

Em seguida, o inciso III do mesmo artigo declara que o agente investidor também deverá se ater aos acordos organizacionais e administrativos, primando para que sejam eficazes e destinados a evitar que os eventuais conflitos de interesses prejudiquem os interesses de seus clientes.

Seguindo a mesma linha de atenção a padrões de controle e de gerência ativa, o inciso IV determina que o agente de investimento deve tomar medidas para garantir de forma contínua e regular a realização de serviços e atividades de investimento e para que isso seja vivenciado, deve empregar sistemas, recursos e procedimentos adequados e proporcionais.

Já parte final do inciso V é clara ao determinar que a empresa que procede o investimento deve ter **procedimentos administrativos e contábeis sólidos, mecanismos de controle interno, procedimentos efetivos para a avaliação de riscos e mecanismos efetivos de controle e salvaguarda para o sistema de processamento de informações**. Talvez esse seja o dispositivo mais importante em relação à temática.

Vale lembrar que, no caso do Brasil, o Código de Auto-Regulamentação da Anbima para ofertas Públicas de Distribuição e Aquisição de Valores Mobiliários traz a Governança Corporativa como parte do foco por parte das instituições participantes das Ofertas Públicas. Há forte estímulo à

XII – No caso de sucursais de empresas de investimento, a autoridade competente do Estado-Membro em que se situa a sucursal deverá, sem prejuízo da possibilidade de a autoridade competente do Estado-Membro de origem da empresa de investimento ter acesso direto a esses registos, cumprir a obrigação prevista no parágrafo 6º, no que se refere às operações realizadas pela agência;

X – A fim de levar em consideração a evolução técnica dos mercados financeiros e assegurar a aplicação uniforme dos incisos II a IX, a Comissão adotará, de acordo com o procedimento referido no parágrafo 2º do artigo 64, medidas de execução que especifiquem os requisitos organizativos concretos a ser impostos a empresas de investimento que realizam diferentes serviços de investimento e/ou atividades e serviços auxiliares.

gações previstas nas disposições da presente Diretiva, bem como as regras apropriadas que irão reger as transações pessoais por essas pessoas;

III – A empresa de investimentos deverá manter e operar acordos organizacionais e administrativos eficazes com o objetivo de realizar medidas razoáveis, destinadas a evitar que os eventuais conflitos de interesses, conforme frisado no artigo 18, prejudiquem os interesses de seus clientes;

IV – A empresa de investimento deve tomar medidas razoáveis para garantir de forma contínua e regular a realização de serviços e atividades de investimento. Para que isso se dê, a empresa de investimento deve empregar sistemas, recursos e procedimentos adequados e proporcionais.

V – A empresa de investimento deverá garantir, ao confiar em um terceiro para o desempenho de funções operacionais que são consideradas críticas e arriscadas para a prestação de serviços, contínuo e satisfatório aos clientes e o desempenho das atividades de investimento de forma contínua e satisfatória, que assume medidas razoáveis para evitar riscos operacionais adicionais indevidos. A terceirização de funções operacionais importantes não pode ser realizada de forma a prejudicar materialmente a qualidade do seu controle interno e a capacidade de supervisão para monitorar a conformidade da empresa com todas as suas obrigações;

A empresa de investimento deverá ter procedimentos administrativos e contábeis sólidos, mecanismos de controle interno, procedimentos efetivos para a avaliação de riscos e mecanismos efetivos de controle e salvaguarda para o sistema de processamento de informações;

VI – A empresa de investimento deverá providenciar a manutenção dos registros de todos os serviços e transações que efetuar, devendo esses ser suficientes para que a autoridade competente possa monitorizar o cumprimento dos requisitos previstos nessa Diretiva que verificará se a empresa de investimento cumpriu todos obrigações com relação a clientes ou potenciais clientes;

VIII – A empresa de investimento deverá, ao deter os instrumentos financeiros pertencentes a clientes, tomar medidas adequadas para salvaguardar os direitos de propriedade de seus referidos clientes, especialmente no caso de insolvência da empresa de investimentos, além de evitar o uso de instrumentos de um cliente por conta própria, exceto se houver o consentimento expresso do cliente;

IX – A empresa de investimento deverá, ao realizar manter fundos pertencentes a clientes, tomar medidas adequadas para salvaguardar os direitos dos clientes e, exceto no caso de instituições de crédito, impedir a utilização de fundos de clientes para sua própria conta;

profissional, fiquem sujeitas à autorização prévia nos termos do presente capítulo. Dita autorização deverá ser concedida pela autoridade competente do Estado-Membro de origem designada nos termos do artigo 67[34].

Além disso, naturalmente, deve a autorização especificar os serviços de atuação que recebem o aval para serem operador por aquele agente, sendo certo, ainda, que a referida autorização pode ser cassada por parte da autoridade competente, observadas as condições para tanto.

Não satisfeita, a norma regulamentadora do mercado de capitais também impõe regras em relação aos atores que efetivamente comandam as operações, devendo ser, essas pessoas, experientes e de conduta ilibada, além da necessidade da presença de, ao menos, duas pessoas no comando.

Também há preocupação similar em relação aos próprios acionistas que transitam nesse mercado. A preocupação com um mercado equilibrado, transparente e correto é verificada em diversos aspectos, também sendo exigido por parte dos negociadores que tão logo tenham conhecimento de operações suspeitas informem a autoridade competente a fim de que o episódio seja investigado mais a fundo. O regramento pode ser observado com clareza parágrafo 3º do artigo 10º [35].

Mas um capítulo dos mais relevantes a respeito das condutas dos agentes de investimento dá conta da semelhança com as normas de operação no Brasil, mais especificamente em relação à implementação de práticas de governança corporativa. No Brasil o expediente é exigido, conforme destacado. Na Europa a semelhança começa a ser mais bem percebida a partir do artigo 16 da Diretiva, que trata dos requisitos organizacionais. De fato, há ao menos 7 requisitos que comprovam a medida[36].

---

34 Tradução livre de parcela do artigo 5º da Diretiva 2014/65/UE de 21 de abril de 2004.

35 Artigo 10º: Acionistas e membros com participação qualificada:

§ 3º: Os Estados Membros devem exigir que, quando a influência exercida pelas pessoas referidas no § 1º for suscetível de prejudicar a gestão saudável e prudente de uma empresa de investimento, a autoridade competente tomará as medidas adequadas para que cesse dita influência prejudicial.

36 Artigo 16: Requisitos organizacionais:

I – (...);

II – A empresa de investimento deverá estabelecer políticas e procedimentos suficientemente adequados para garantir a conformidade da empresa, incluindo os seus gerentes, funcionários e agentes vinculados, com obri-

aplicação imediata aos Estados membros da EU – formam conjuntamente a normativa conhecida genericamente como MIDIF, segundo as siglas em inglês se descreve como: *Market in Financial Instruments Directive*. Na Espanha, em particular, também deve se ater a Lei n. 47/2207 que modificou a Lei de Mercado de Valores e no caso do tema deste trabalho a Lei de arbitragem – Lei n. 60/2003, além, do artigo 1.1. da Constituição espanhola.

Em um primeiro momento, fica evidenciado o início de controle por parte da comunidade europeus em relação aos mercados ao implementar normas claras, objetivas e singulares para a efetiva autorização[33] ao agente para operar no mercado. Para tanto, diz o artigo 5 da Diretiva:

> *Artigo 5: Requisito para autorização*
> *1 - Cada Estado-Membro deve exigir que a execução de serviços ou atividades de investimento interpretadas como atividades regulares, em caráter*

---

33 *"Os Estados-Membros devem reservar a autorização como mercado regulamentado aos sistemas que cumpram o disposto no presente título.*

A autorização como mercado regulamentado só é concedida se a autoridade competente considerar que tanto o operador do mercado como os sistemas do mercado regulamentado cumprem pelo menos os requisitos estabelecidos no presente título". Trecho extraído do artigo 44, V da Diretiva 201/65, o qual trata da autorização e do direito aplicável aos mercados regulados.

A continuação do artigo 44, V da Diretiva ainda trata da possibilidade de retirada da autorização:

V - A autoridade competente pode retirar a autorização emitida para um mercado quando:

(a) não faz uso da autorização no prazo de 12 meses, renuncia expressamente à autorização ou não funcionou nos últimos seis meses, a menos que o Estado-Membro em causa tenha previsto a caducidade em tais casos;

(b) obtève a autorização fazendo declarações falsas ou por qualquer outro meio irregular;

(c) já não cumpre as condições em que a autorização foi concedida;

(d) violou seriamente e sistematicamente as disposições adotadas nos termos da presente Diretiva;

(e) é abrangido por qualquer dos casos em que a legislação nacional prevê a retirada.

oferecer um conjunto de serviços mais complexos. Com isso, passou a ser necessário haver um instrumento legal mais moderno e que reconhecesse as características não apenas de um mercado pulsante, mas também de uma sociedade igualmente transformada.

A Diretiva passou a ter como objetivo abranger a gama de atividades orientadas para investimentos com vistas a harmonizar os mecanismos de proteção a todos os atores envolvidos na atividade. Muitos são os direitos dos que transitam no ambiente, mas muitas são, também, as obrigações desses agentes, sempre havendo a finalidade última de promover um mercado mais transparente e eficaz aos investidores.

A meta de gerar um mercado financeiro integrado, em que os investidores sejam de fato protegidos, exige o estabelecimento de requisitos regulamentares comuns relativos às investidoras a fim de evitar que a opacidade de um mercado local prejudique a eficiência do sistema financeiro europeu como um todo.

5.3. AS SEMELHANÇAS ENTRE OS DOIS INSTRUMENTOS DE MERCADO

As duas casas que recebem os interesses e ordens dos mercadores disponibilizam regramentos específicos. Nenhuma novidade nesse sentido, aliás. O fato é que em um primeiro momento o que se pode ter como premissa é que no Brasil, dada, inclusive, a desconfiança dos agentes que vivenciam a experiência de investimentos, há mecanismos de controle que desde logo indica o conjunto de protocolos e de regras para que se promova a experiência de investir, sobretudo, é claro, em patamares dos mais elevados.

A diferença *a priori* poderia sugerir um mercado europeu mais confiável que respirasse justamente essa confiança, a ponto de eventualmente dar a entender que o princípio da autonomia da vontade de certa forma pudesse relativizar as regras de conduta dentro do mercado de valores europeu.

Ocorre que a análise mais acurada do tema revela que provavelmente as regras de operação no mercado do velho mundo apresentam normas tão restritivas quanto aquelas vistas no Brasil.

Tendo em conta a Diretiva 2014/65, muitas considerações nesse sentido podem ser exploradas.

A Diretiva acima (MIFID I) em conjunto com as normas de nível II (Diretiva 2006/73/CE) (MIFID II) e o regulamento CE 1287/2006 de

grupo de las más destacadas, mientras que en Bélgica (+10,9%), Francia (+10,8%) Alemania (+10,7%) o el IBEX 35 de la Bolsa española (+9,2%) las ganancias son menos brillantes.

Conforme o balanço que acompanha o *Informe de Mercado 2017*, o cenário do mercado financeiro na Europa é auspicioso no momento e mostra que após um elevado período de retração em virtude da crise mundial que se iniciou no final da década de 2010, o momento atual é de aquecimento ao mercado e aos investidores.

Isso, porém, de nenhum modo retira qualquer dever de cautela por parte da legislação e dos agentes do mercado em relação às regras que devem ser vivenciadas por eles mesmos na condução de seus negócios. Pelo contrário, apenas deve estimulá-los a continuar seguindo os ditames que já se mostraram eficazes ao próprio mercado financeiro.

Existem, assim, não só na Europa mas ao redor do mundo, regras que são abrigadas em ordenamentos, que obrigam certas práticas como a Diretiva 2004/39 do Parlamento Europeu.

5.2. DIRETIVA 2014/65/UE

Se no Brasil as regras do mercado de capitais têm como regência as disposições da legislação pertinente com, necessariamente, a aplicação das normas de governança corporativa, a Europa também apresenta o seu aparato legal de regulação desse mercado.

Na verdade, a Comunidade Europeia obedece aos dizeres contidos na Diretiva 2014/65/UE do Conselho do Parlamento Europeu, do ano de 2014.[32] Referido documento leva em consideração elementos importantes como, por exemplo, a Diretiva do ano de 2004 e, principalmente, o fato de os investidores terem se tornado mais ativos e o mercado ter passado a

---

32 Las Ofertas Públicas de adquisición de valores (OPAS) en España también es regulado por una Directiva 2004/25/CE; donde se debe usar la Directiva 2004/39/EC en caso de conflictos. Sobre el proceso de formación y los caracteres de esta Directiva, ver, por todos, SANCHEZ CALERO. F, **Ofertas Publicas de Adquisición de Acciones (OPAs)**, Ed. Civitas/Thompson Reuteurs, Cizur Menor, 2009, pp. 43 e ss y HERMIDA, Alberto J. Tapia. **Las Ofertas Públicas de adquisición de valores en España. Teoría y práctica en el décimo aniversario de su regulación vigente.** RDBB, n. 148, 2017, pp. 13-56. Sobre Directivas ver: LEDESMA. Carmen Alonso. **Codificación y derecho privado de obligaciones y contratos.** RDM, n. 295, pp.13-30.

A pesquisa científica tem como um de seus motes a observação analítica de um dado objeto em suas mais variadas especificidades. Assim, um dos vértices de investigação, sobretudo na esfera jurídica, consiste no olhar comparativo entre diversas legislações e abordagens. No caso, portanto, além da pesquisa que tenha como pano de fundo o território brasileiro, vale presenciar a posição no âmbito espanhol e, quiçá, no europeu também, devido a aplicação da normativa, por vezes, em todo o solo europeu.

5.1. DADOS DO MERCADO EUROPEU

Antes de mais nada, vale olhar brevemente com um pouco mais de cautela a alguns números, inclusive estatísticos, do mercado financeiro na Europa a fim de montar o cenário que adiante será debatido.

Conforme o documento *Informe de Mercado 2017*[31], que indicou o balanço das atividades dos mercados de valores da Espanha, de autoria da BME-X, dados do Fundo Monetário Internacional – FMI apontam um aumento do Produto Interno Bruto – PIB mundial na ordem de 3,6% para o ano de 2017 e possivelmente para cerca de 3,2% para o ano de 2018. E a escalada

> *acompaña de una tasa de aumento anual del volumen de comercio en el mundo que casi se dobla hasta el 4,2% en 2017 frente a lo anotado en 2016 y se mantendrá alrededor del 4% en 2018.*

O relatório ainda mostra que:

> *La economía europea ha sido una de las sorpresas positivas del año, acelerando su marcha hasta situar el crecimiento estimado del PIB de 2017 unas décimas por encima del 2%, el mejor dato del último lustro, impulsado por los buenos registros de las economías alemana y española pero también por la mejoría de Francia e Italia. Este buen comportamiento ha tenido también reflejo en el Euro ha llegado a revalorizarse casi un 17% frente al dólar.*
> *(…) Las Bolsas europeas han acumulado rentabilidades positivas de forma generalizada pero con una significativa dispersión. La referencia EuroStoxx 50 para el área del euro ascendía un 8,7%. Por debajo se situaba la Bolsa con peor comportamiento relativo del año, Reino Unido, con una subida del 2,7%, frenado por las consecuencias del Brexit. Por encima del registro del EuroStoxx, Austria (+28,4%), Noruega (+18,7%), Portugal (+18,2%), Italia (+16,3%), Grecia (+15,3%) y Suiza (+13,5%) se encuentran en el*

---

31   Conteúdo abrigado no sítio https: www.bolsasymercados.es/docs/infmerca-do/2017/esp/IM2017.pdf, página 11, com acesso em 28/12/2017, às 15h40.

5
DIREITO
COMPARADO

- Processos administrativos: de jurisdição da ANBIMA, competente ao Conselho de Auto Regulação do Mercado de Capitais, que instaurará em face da Instituição Responsável, o processo, a fim de que seja apurado o descumprimento das disposições do Código de Auto Regulação;

- Penalidades: as Instituições que descumprirem os princípios e normas contidos no Código de Auto Regulação recebem penalidades, tais como advertência encaminhada através e carta reservada, multas, advertência pública (divulgada através dos meios de comunicação da ANBIMA) e, até, desligamento da ANBIMA (nos casos de Instituições Participantes não associadas haverá a revogação do Termo de Adesão ao Código de Auto Regulação);

- "Termo de Compromisso: a Instituição Responsável poderá apresentar Termo de Compromisso, diante do Conselho de Auto Regulação do Mercado de Capitais (da ANBIMA) nos processos administrativos, comprometendo em acessar e corrigir os atos de descumprimento das disposições contidas no Código de Auto Regulação. Comprovado o cumprimento das obrigações assumidas pela Instituição no Termo de Compromisso, relator remeterá ao Conselho de Auto Regulação do Mercado de Capitais, que irá deliberar o arquivamento do processo administrativo no prazo de 60 (sessenta) dias. Caso haja qualquer descumprimento ao referido Termo de Compromisso, por parte da Instituição Responsável, será reiniciado o processo administrativo. Mister é salientar que o Termo de Compromisso não implica na confissão quando a matéria é de fato, nem mesmo o reconhecimento de ilicitude da conduta analisada."

Isso se deve ao fato de que a arbitragem suprirá as necessidades extrínsecas ao Código de Auto Regulação, pois os conflitos gerados pelo próprio Código quem irá solucionar é a própria ANBIMA.

Há de se lembrar, ainda, que todas as instâncias da auto regulação de que trata o Código de Auto Regulação da ANBIMA deverão guardar sigilo absoluto sobre as informações e documentos que tenham conhecimento em razão de suas funções, sejam funcionários da ANBIMA ou quaisquer representantes indicados pelas Instituições Participantes ou demais entidades.

Apesar do incentivo do Código à adesão ao procedimento arbitral por parte das Instituições Participantes, bem como, por consequência, das emissoras de valores mobiliários, esse compromisso arbitral não afastará a incidência do Código no que tange aos:

4.1. OS ELEMENTOS DE INCIDÊNCIA DO CÓDIGO DE AUTO-REGULAMENTAÇÃO DA ANBIMA

Abaixo os elementos do Código de Auto-Regulamentação da Anbima:

- Supervisão: das Instituições Participantes orientada pela Comissão de Acompanhamento do Mercado de Capitais de Auto Regulação e exercida pela área técnica da ANBIMA, que consiste no monitoramento do cumprimento, por parte das Instituições Participantes, das disposições presentes no Código de Auto Regulação e demais normas editadas pela ANBIMA.

- Denúncias: as Instituições Participantes poderão apresentar denúncias à ANBIMA por descumprimento de qualquer das disposições contidas no Código de Auto Regulação, que será encaminhada à área técnica da ANBIMA, a qual elaborará relatório que, por sua vez, será submetido à apreciação da Comissão de Acompanhamento do Mercado de Capitais.

- Investigação: procedimento sumário visando a obtenção de indícios de materialidade e autoria quando há eventual infração por aparte da Instituição Participante caso não sejam observados os princípios e regras contidos no Código de Auto Regulação e demais normas editadas pela ANBIMA, que será instaurado sob orientação da Comissão de Acompanhamento do Mercado de Capitais e exercido pela área técnica da ANBIMA, sendo que a primeira, ao mesmo tempo, determinará a notificação das Instituições Participantes possivelmente envolvidas nos fatos investigados, que constará, resumidamente, os fatos abrangidos pela Investigação. Após a conclusão do procedimento de Investigação, A Comissão de Acompanhamento do Mercado de Capitais se reunirá a fim de que seja analisado o relatório apresentado pela área técnica da ANBIMA, podendo determinar diligências adicionais ou remetê-las ao Conselho de Auto- Regulação do Mercado de Capitais, com a recomendação da instauração ou não do processo administrativo.

4
DA JURISDIÇÃO DA ANBIMA – BRASIL

Abaixo exemplo de cláusula cheia para resolução de conflitos:

As partes elegem como foro para processamento e resolução de qualquer questão decorrente da interpretação, da execução ou da inexecução das obrigações estabelecidas no presente contrato, a instituição arbitral XXX XXX XXX XXX, com sede na ... ..., n° ..., ...° andar, Bairro ... ... – Edifício ... ..., na Cidade de ... ... – Estado de ... ..., CEP ...-..., de acordo com as normas de seu Regulamento Geral, Legislações e Códigos de Ética pertinentes a quem competirá decidir a questão instituindo a arbitragem conforme os procedimentos previstos em suas próprias regras – as quais as partes declaram conhecer, a Lei n° 9.307/96 com redação dada pela Lei n° 13.129/2015 e a legislação brasileira. Como forma de concordância expressa, nos termos do § 2° do artigo 4° da Lei n° 9.307/96, as partes assinam a presente Cláusula Compromissória Cheia.

Na Espanha a arbitragem se utiliza quase sempre em relações de consumo já que o Tribunal Constitucional espanhol entendeu nas diversas ações de inconstitucionalidade[30] o desenho do sistema jurídico assim. No Brasil, por força da lei arbitral (artigo 4, parágrafo 2) cumulado com o artigo 51, VI do Código de Defesa do Consumidor (Lei 8.078/90) destaca-se que somente se o consumidor assinar referida cláusula, estando apartada ou em negrito ao contrato, a arbitragem será válida.

Na Espanha pode-se exemplificar uma cláusula arbitral cheia da seguinte forma:

Toda controversia derivada de este contrato o que guarde relacion com él incluída cualquier cuestión relativa a su existência, validez o terminación, será resuelta definitivamente mediante arbitraje de (derecho/equidade), administrado por la Asociación Europea de Arbitraje de acuerdo con su reglamento vigente a la fecha de presentación de la solicitud de arbitraje, que las partes manifestan conocer.

A questão que se põe à arbitragem é se o investidor é considerado consumidor ou não. E isso dependerá se ele for qualificado (agressivo no mercado) ou novato (conservador no mercado).

Para tanto, o Banco Central europeu regulamentou que os bancos façam análise de cada investidor para verificar a possibilidade inclusive de outros meios que não a judicialização, da mesma forma o Banco Central brasileiro assim o fez.

---

30   Recursos de inconstitucionalidade números 728, 731 y 735/1984, acumulados BJC 1989-94. STC 15/1989, 26 de enero. STC 62/1991 (Pleno), de 22 de marzo.

constituição (art. 1.1. da Constituição espanhola estabelece que o estado de direito propõe como valor superior do ordenamento jurídico a liberdade), onde o princípio da liberdade estrutura o poder das partes em pactuar.[29]

3.4.1. EXEMPLO DE CLÁUSULA CHEIA PARA A SOLUÇÃO DE CONTROVÉRSIAS

Tanto no Brasil como na Espanha está certo que a arbitragem deve nascer da vontade das partes, seja pelo artigo 421 do CC brasileiro cumulado com a Lei 9.307/96, seja por conta do artigo 1.1. da Constituição espanhola cumulado com a Lei arbitral 60/2003, portanto, as partes devem desde o primeiro momento deixar claro que querem esse meio para solução de seus conflitos.

---

29 *Consiguientemente la justificación constitucional del arbitraje se encuentra,* (LORCA NAVARRETE, A. M., **Comentários a la nueva Ley de arbitrajes 60/2003**. San Sebatian: IVADP, 2004, p. 1) o princípio de autonomia da vontade consagrada no artigo 1.1. da Constituição. RODRÍGUES. José Luis Rodrígues. **Origen, Estructura y Funcionamiento de las juntas arbitrales de consumo**. San Sebastián: IVADP, 2006, p. 113. *Es de alabar,* no obstante los matices a los que haremos referencia más abajo, *el propósito unificador, perseguido por el legislador, que ha optado por una formulación unitaria de todo el arbitraje*: fundiendo hasta donde se puede el arbitraje interno e internacional, y considerando el contenido de la Ley de Arbitraje como norma de derecho común aplicable a los diversos tipos de arbitraje que no tengan una específica regulación, considerando a los arbitrajes especiales como una simple modalidad del arbitraje general u ordinario. Este último tendrá siempre con carácter supletorio respecto de cualquier tipo o modalidad de arbitraje especial. Esta medida resultaba absolutamente necesaria dada la proliferación de arbitrajes especiales incorporados por la legislación sectorial en los últimos años (seguros, transportes, propiedad intelectual, deportes, arrendamientos, marcas, etc.). Y al mismo tiempo sirve como medida de salvaguardia de la propia institución del arbitraje frente a extensiones impropias. Como sucedería con la denominada actividad arbitral de la Administración, como luego señalaremos con algo más de detalle. El arbitraje de derecho común, mínimamente vertebrado por sus elementos esenciales --voluntariedad de origen, jurisdicción efectiva, producto final equivalente a una sentencia judicial-- constituye el núcleo irreductible que permanece sin perjuicio de los arbitrajes especiales y siempre que la pretendida especialidad no suplante o altere aquellos elementos que son fundamentales en todo arbitraje. (MEDINA, José Maria Chillón, **Valoración Crítica de la nueva ley de arbitraje**. Diario La Ley, Nº 5945, Sección Doctrina, 2 de Febrero de 2004, Año XXV, Ref. D-26, Editorial LA LEY).

A ARBITRAGEM NA BOLSA DE VALORES DE SÃO PAULO (B3) E MADRID (BME)

Todavia, não significa que as Instituições Participantes, referidas no Novo Código da Anbima não possa aderir ao Regulamento da Câmara de Arbitragem do Mercado, pelo contrário, caso a companhia venha a aderir a essa Câmara, os próprios investidores se sentirão mais protegidos e confiantes.

Em relação aos tipos de cláusulas têm-se:

- cláusula branca ou vazia: apenas diz que será usada a arbitragem em caso de controvérsias do contrato e nada mais. Isso quer dizer que a cláusula desde logo prevê o uso da arbitragem, mas sem a definição clara das regras do jogo,

  > "de tal sorte que os seus caminhos se verão delineados justamente pouco antes ao momento de sua instauração. A consequência por essa opção é de que as partes deverão em seguida formalizar um compromisso arbitral. Portanto, já com o conflito vivenciado pelas partes, deverão elas tratar de todas as disposições do procedimento arbitral"[28].

- cláusula cheia: é mais completa e segura às partes que adotam a arbitragem, pois elenca todos os detalhes necessários para o seu uso, não deixando lacunas para interpretações equivocadas e de má-fé, tais como: eleger a norma a ser usada, um regulamento de procedimento arbitral de uma Instituição de Arbitragem e até o idioma. Ainda podem as partes nomear um ou mais árbitros de confiança, sempre somando ao todo um número ímpar sendo que um, geralmente, é nomeado pelos árbitros ora nomeados para presidir o procedimento arbitral (essa é a chamada cláusula *ad hoc*). Podem as partes, ainda, instituir uma determinada Câmara de Arbitragem, a fim de que seja o local onde serão realizados todos os procedimentos arbitrais (essa é a chamada cláusula arbitral cheia institucional).

Ademais, as partes podem acrescentar uma cláusula arbitral sucessória, a fim de que, no caso da impossibilidade do árbitro nomeado fazer parte do procedimento arbitral da própria Câmara de Arbitragem caso esta deixe de existir, as partes possam recorrer a ela, onde pode nomear, em segundo plano, outros árbitros ou Câmara, por exemplo.

Na Espanha, arbitragem também é um meio heterocompositivo de resolução de conflitos que se estrutura na autonomia de vontade como valor superior do ordenamento jurídico espanhol reconhecido, inclusive, na

---

28 GUILHERME, Luiz Fernando do Vale de Almeida. **Manual de Arbitragem e Mediação, Conciliação e Negociação** – de acordo com o NCPC, alteração de Lei nº 9307/96 e Lei de Mediação. São Paulo: Saraiva, 2018, p. 167.

Mercado. Lê-se, nas cláusulas compromissórias de adesão à Arbitragem, que o contratante se "COMPROMETE" a resolver qualquer divergência na órbita societária pelo procedimento arbitral, de acordo com o Regulamento de Arbitragem[26]". Todavia, consta no Regulamento de Arbitragem e do da Câmara de Arbitragem do Mercado, da BM&F BOVESPA/B3, possibilita no procedimento arbitral a preferência de outra Instituição de Arbitragem, bem como a nomeação de outros árbitros que não sejam apenas aqueles elencados em seu quadro de árbitros. Ademais, o Regulamento não barra a possibilidade das partes recorrem ao processo judiciário, caso seja necessário. Apesar da obrigatoriedade, em primeiro plano, ao aderir à Câmara de Arbitragem do Mercado, toda flexibilidade apontada em seu Regulamento não traz, em segundo plano, a problemática do atropelamento de todos os direitos, inclusive garantias fundamentais constitucionais, das partes. Ocorre apenas que antes de ingressarem com processo judicial elas terão que passar pelo procedimento arbitral.

Tanto no novo Código da Anbima quanto no Código do IGBC não há menção, nas respectivas cláusulas compromissórias, de que será adotado obrigatoriamente o procedimento arbitral nem o Regulamento a ser vinculado é o da Câmara de Arbitragem do Mercado, a qual, por sua vez, aceita companhias que integraram a Governança Corporativa. Diferentemente, nos Regulamentos de Nível 2 de Governança Corporativa e Novo Mercado da BM&F BOVESPA/B3, há comprometimento do uso do procedimento arbitral, como consta na cláusula, entretanto não estipula especificamente que esse compromisso seja aderir ao Regulamento da Câmara de Arbitragem do Mercado, também, exceto, Termo de Anuência dos Membros do Conselho Fiscal do mesmo Regulamento[27].

---

26 Seção III – Arbitragem

"13.1 Arbitragem. A BM&F BOVESPA/B3, as Companhias do Novo Mercado, seus Acionistas Controladores, seus Administradores e membros do conselho fiscal comprometem-se a resolver toda e qualquer disputa ou controvérsias relacionada a este Regulamento por meio de arbitragem nos termos do Regulamento de Arbitragem".

27 Anexo D – Termo de Anuência dos Membros do Conselho Fiscal

"(...) Compromete-se ainda o Declarante, de acordo com a Seção XIII do Regulamento de Práticas Diferenciadas de Governança Corporativa, a resolver toda e qualquer disputa ou controvérsias relacionada à sua condição de membro do conselho fiscal e à obrigação acima assumida por meio de arbitragem, nos termos do Regulamento de Arbitragem da Câmara Arbitral do Mercado instituída pela BM&F BOVESPA/B3.

3.4. DA CLÁUSULA ARBITRAL COMPROMISSÓRIA

A Arbitragem se fundamenta nas regras e princípios contratuais e, por tanto, há de se seguir algumas regras norteadas no nosso ordenamento jurídico, tornando-a formal, pois somente sob esse parâmetro que se produz efeitos jurisdicionais, ao contrário do que ocorre com a Arbitragem informal, tendo em vista a não observância de alguma das regras essenciais assecuratórias às partes, sem haver, portanto, a garantia da coisa julgada e o valor do título executivo da sentença condenatória arbitral.

No novo Código da Anbima, de forma facultativa, por dizer, expressamente, que as Instituições Participantes deverão SEMPRE QUE POSSÍVEL resolver seus conflitos por meio da Arbitragem, ou seja, ela dá preferência, mas não significa que seja obrigatório[23]. E, no Código do IGBC, também não há obrigatoriedade do uso da Arbitragem, pois diz que há PREFERÊNCIA na sua utilização, mas não que seja obrigatório[24][25].

Entretanto, como já dito, a adesão aos Regulamentos de Nível 2 e Novo Mercado de Governança Corporativa da BM&F BOVESPA/B3 vincula, obrigatoriamente, a companhia à adoção da Câmara de Arbitragem do

---

23 "Artigo 8°" – Nas ofertas Públicas realizadas no mercado de capitais brasileiro, as Instituições Participantes deverão:

XI – adotar a arbitragem sempre que possível, como forma de solução de conflitos surgidos com relação a contratos que estejam relacionados com a realização da Oferta Pública."

24 "1.9 Arbitragem

Os conflitos entre sócios, e entre estes e a sociedade, devem ser resolvidos preferencialmente por meio da arbitragem. Isso deve constar do estatuto e do compromisso a ser firmado individualmente, em termo próprio".

25 A respeito da temática, também já me posicionei em "Manual de Arbitragem e Mediação, Conciliação e Negociação", para destacar que ninguém é obrigado a submeter qualquer questão à arbitragem (art. 421 do CC), ou seja, a arbitragem é pautada pela autonomia da vontade das partes, estruturada pela liberdade de contratar das pessoas. O instituto se dá meramente se as partes que mantêm o conflito pela arbitragem decidirem, seja na situação de elas, de forma anterior ao próprio conflito e então antevendo a sua possibilidade, determinarem seu uso; seja na hipótese em que o embate já foi travado e os litigantes escolhem como modo de solucioná-lo a arbitragem. Vide: GUILHERME, Luiz Fernando do Vale de Almeida. **Manual de Direito Civil**, Barueri: Manole, 2016; GUILHERME, Luiz Fernando do Vale de Almeida. **Código Civil Interpretado e comentado**, 2. Ed., Barueri: Manole, 2017.

Os participantes da Câmara de Arbitragem do Mercado - Câmara essa instituída pela BM&F BOVESPA/B3, Companhias abertas do "Novo Mercado" e do Nível 2, Controladores das Companhias, Administradores, Membros do Conselho Fiscal, Investidores e Acionistas (todos vinculados a Companhias listadas no Nível 2 e no Novo Mercado). Para participar deverão concordar com o regulamento da Câmara e assinar o termo de audiência, que implica vinculação obrigatória à cláusula compromissória e obrigação de firmar o compromisso arbitral.

Mas, existe uma ressalva no mercado de capitais brasileiro: a grande resistência das empresas abertas em aderirem ao Nível 2 e Novo Mercado da BM&F BOVESPA/B3 pela obrigação de terem que abrir mão da morosidade da Justiça comum, em favor da câmara montada pela própria Bolsa brasileira.

Essa resistência deve ser atribuída por ser a arbitragem um instituto desconhecido por grande parte da sociedade brasileira. Porém não almeja a Arbitragem substituir a jurisdição normal, mas é um sucedâneo dela em certas áreas, como no mercado financeiro, por exemplo, por serem os árbitros especialistas nesta área tão específica, trazendo mais rapidez à solução do litígio e por fim, dando mais transparência ao investidor, ou seja, a arbitragem acaba dando maior fluidez ao mercado de capitais.

Tanto no Regulamento do Nível 2 de Governança Corporativa e do Novo Mercado da BM&F BOVESPA/B3, como o Código de Melhores Práticas de Governança Corporativa do IGBC e ao novo Código de Auto-Regulação da Anbima para Ofertas Públicas de Distribuição e Aquisição de Valores Mobiliários, incorporam o procedimento arbitral para solucionar os conflitos gerados em qualquer âmbito da Sociedade. Ademais, há de se notar que todas essas regras têm ligações entre si, bem como, por todos os caminhos seguidos pela Sociedade, chegam ao procedimento arbitral. Em momento algum elas se encontram isoladas, haja vista que, ao mesmo tempo que as instituições Participantes incentivam as Emissoras à adoção da Governança Corporativa, em nível cada vez mais elevado, elas terão que aderir à Arbitragem para resolver os seus litígios, preferencialmente Câmara de Arbitragem do Mercado, instituída pela BM&F BOVESPA/B3; bem como o prospecto elaborado pela Instituição Participante que deve constar um relatório sobre as práticas da Governança Corporativa, adotadas pela Emissora, as quais deverão estar nos conformes segundo o Código do IGBC, o qual, por sua, vez, também adota a Arbitragem como meio de solução de conflitos da Sociedade.

norma e idioma que deverá ser empregado, a entidade e o seu regulamento que irá sediar e administrar o procedimento arbitral;

- isenção e neutralidade: há a possibilidade de escolher o local em que será realizado o procedimento arbitral, levando-se em conta a área de influência do domicílio das partes, bem como da execução do contrato;

- cumprimento efetivo da sentença: O número de cumprimento da sentença arbitral, espontaneamente, é muito maior do que o da sentença judicial, afinal, o nível de confiança das partes para com a Arbitragem instaurada é muito alto.

3.3. METODOLOGIA ADOTADA PELA BM&F BOVESPA/B3

Uma das soluções encontradas pela BM&F BOVESPA/B3 para proteger os investidores foi a adequação das empresas abertas a metodologia da governança corporativa.

Existem três níveis de governança corporativa, que já foram ditos acima, os quais dependem do grau de compromisso adotado pela empresa: o "1", o "2" e o Novo Mercado.

Para ilustrar o grau de transparência das empresas, que se comprometeram com a política de governança corporativa, as companhias de Nível 2 e do Novo Mercado são obrigadas a aderir à Câmara de Arbitragem da própria BM&F BOVESPA/B3 para dirimir conflitos societários, ao passo que a companhia de Nível 1 não necessita adotar tal medida propiciando uma maior confiança dos investidores na empresa, haja vista a transparência da administração, valorizando os ativos destas.

Como dito, as companhias do Nível 2 e as relacionados no Novo Mercado são obrigadas a se vincularem ao regulamento da Câmara de Arbitragem do Mercado, ou seja, o procedimento da arbitragem será utilizado por essas empresas para dirimir e solucionar controvérsias em matérias relativas: à Lei das SAs (cite alteração nº 10.303/2001), aos Estados Sociais das companhias, às normas editadas: pelo Conselho Monetário Nacional, pelo Banco Central do Brasil e pela Comissão de Valores Mobiliários ("CVM"), dos regulamentos da BM&F BOVESPA/ B3 e das demais normas aplicáveis ao funcionamento do mercado de capitais em geral.

(cento e oitenta) dias para os demais casos; se ultrapassar a esse prazo a sentença será considerada nula[21].

- maior fluidez no mercado de capitais – os investidores não se prejudicarão com a longa demora da justiça togada, devido a celeridade do procedimento arbitral.

- sigilo: nenhum ou baixo impacto na comunidade comercial que as empresas fazem parte; o processo arbitral é conduzido pela privacidade e confiabilidade de todos que o integram, não sendo permitida a publicidade dos fatos e documentos contidos nele; o procedimento arbitral só transcorre na presença das partes e dos árbitros;

- economia: tanto a longo prazo quanto a curto prazo, os custos despendidos durante o procedimento arbitral é, significativamente, menor;

- especialização dos árbitros: eles têm conhecimento específico na matéria em questão, não necessitando, portanto, de perícia. É a certeza de que o conflito foi solucionado por uma pessoa especializada[22].

- maleabilidade: as partes poderão nomear, sempre em número ímpar, o árbitro, elegendo o que lhe inspire maior confiança e o mais especializado em dirimir aquela espécie de litígio. Irá decidir as controvérsias advindas daquele contrato, bem como a escolha da

---

21 Cabe ressaltar que a Lei nº 13.129 de 2015, que alterou em parte a Lei nº 9.307/1996, introduziu o § 2º ao artigo 23 da Lei de Arbitragem. A referida adição outorgou às partes, conjuntamente com o(s) árbitro(s), a possibilidade de prorrogar o prazo para ser proferida a sentença arbitral. A lei arbitral da Espanha é a Lei 30/1992.

22 Característica das mais marcantes da arbitragem consiste na especialização que acompanha ao instituto. Conforme afirmei, "isso se dá porque na arbitragem as partes, por meio da autonomia de suas vontades, selecionam o terceiro alheio à disputa para dirimir aquele conflito que as alcança. Isso quer dizer que naturalmente essa seleção leva em consideração vários aspectos, e um dos mais relevantes vem a ser o fato de esse terceiro alheio à disputa ser dotado de conhecimentos específicos acerca da matéria objeto da disputa. Assim, o que se tem é um terceiro – no caso, o árbitro –, abastecido de expertise para apreciar aquele caso, dando maior segurança e confiabilidade às partes". (GUILHERME, Luiz Fernando do Vale de Almeida. **Manual de Arbitragem e Mediação, Conciliação e Negociação** – de acordo com o NCPC, alteração de Lei nº 9307/96 e Lei de Mediação. São Paulo: Saraiva, 2018, p. 140.

Todos esses acontecimentos envolvendo a arbitragem, assim, além colocarem fim à discussão e resultarem na plena aplicação do instituto, ainda estimularam outra alteração: essa, no bojo da Emenda Constitucional nº 45 do ano de 2004 que trouxe nova leitura ao princípio do acesso à jurisdição principalmente no que tange ao Estado-juiz, passando-se a ser acatada interpretação diversa ao princípio, mais abrangente e inclusiva.

3.2. AS VANTAGENS DA ARBITRAGEM

Apesar da Lei nº 9.307 de 1996 ter sido promulgada sob um aspecto moderno e eficiente, ainda há a dificuldade de se empregar a Arbitragem em nosso país, pois algumas temem que a arbitragem lhes tire do mercado de trabalho. Nenhuma dessas alegações são plausíveis, tendo em vista que a Arbitragem se limita a direitos patrimoniais disponíveis. Ademais, é essencial a presença do advogado na arbitragem, pois é ele quem vai incluir em todo o procedimento arbitral, desde a elaboração contratual até o período pós sentença arbitral, seus conhecimentos técnicos jurídicos interdisciplinares, indispensável em qualquer negócio que uma empresa faça.

Ao contrário do que ocorre no Brasil, por ser a arbitragem um método de solução de conflitos muito eficiente, o seu uso vem crescendo largamente nos países desenvolvidos. Nos contratos internacionais, a preferência da comunidade internacional é a de optar pela Arbitragem, a qual é usada em quase 100% (cem por cento) dos conflitos originários deles.

Dentre as vantagens auferidas pela Arbitragem, em detrimento dos processos judiciais, pode-se dizer que em sentido amplo são as seguintes:

- prazo menor para a emissão de sentença: prazo máximo de 90 (noventa) dias para os casos específicos (elencados em lei) e 180

Eduardo Arruda Alvim que "é pois, inafastável. E no exercício desse controle, o juiz procurará sempre resolvê-lo à luz do direito posto pelo Estado, ou seja, pela pauta de valores que foi transformada em condutas havidas como legítimas pelo direito, de uma parte, e, de outro lado, haverá de excluir as condutas havidas como ilegítimas pelo próprio direito". ALVIM, Eduardo Arruda. **Direito Processual Civil** – teoria geral do processo, processo de conhecimento, juizados especiais cíveis, ações coletivas, repercussão geral no recurso extraordinário, 3ª ed., revisada e ampliada. São Paulo: Editora dos Tribunais, 2010, p. 124-125. GUILHERME, Luiz Fernando do Vale de Almeida. *Op.Cit.*, Saraiva, 2018, p. 32 e ss.

arbitral. Contudo, apesar dos esforços, uma lei que tratasse objetivamente da temática, de forma autônoma, era sempre barrada por aqueles contrários ao instituto, sob a premissa de que se estaria usurpando do Estado função que historicamente lhe cabia, sem que o expediente que o substituísse tivesse o mesmo amparo e capacidade legais observada na via judicial.

Com efeito, discussões se avolumaram principalmente na década dos anos de 1980 e ao menos um anteprojeto foi barrado pouco antes da transformação em norma. O fato de ter ocorrido o *impeachment* do então Presidente da República, Fernando Collor de Mello, contribuiu com o freio dos debates. Somente no ano de 1996, após diversas alterações no novo projeto de lei, a norma da Arbitragem, Lei nº 9.307 foi de fato instaurada.

Ocorre que, a rigor, uma importante consideração se faz presente, pois a última e atual Constituição Federativa do Brasil, datada do ano de 1988, destacou a *jurisdição* como prerrogativa exclusiva do Estado. Autores e autoras, como Ada Pelegrini Ginover, ressalvou à época que "a jurisdição é uma das funções do Estado, mediante a qual este se substitui aos titulares dos interesses em conflito para buscar a pacificação do conflito que os envolve com a justiça"[19].

Isso é o que se teve desde a Constituição Federal em 1988, passando pela promulgação da Lei da Arbitragem em 1996, até o ano de 2001, foi ainda um clima de certa instabilidade, na medida em que as forças opostas à instauração da arbitragem bradavam de forma contrária e, de outro lado, os defensores do instituto, mesmo com uma lei reguladora e protetiva, ainda *pisavam em ovos* em certa medida.

Então, um significativo episódio eclodiu justamente no ano de 2001, quando o Supremo Tribunal Federal (STF), em sede de julgamento de constitucionalidade da lei arbitral, declarou-a constitucional e sem vícios. Segundo o STF, a manifestação de vontade pelas partes na cláusula compromissória no momento da celebração do contrato não ofende o princípio da inafastabilidade da jurisdição[20], pois os envolvidos devem optar livremente por esse instituto.

---

19 GRINOVER, Ada Pellegrini; DINAMARCO, Cândido; CINTRA, Antonio. **Teoria Geral do Processo**. 23ª ed. São Paulo: Malheiros Editores, 2007, p. 145.

20 O princípio da inafastabilidade da jurisdição, também conhecido como o princípio da inafastabilidade do controle jurisdicional, exposto no artigo 5º, em seu inciso XXXV, quer significar, em última análise, que a lei não excluirá da apreciação do Poder Judiciário lesão ou ameaça a direito". Destaca ainda

uso do instituto, produto de alguns fatores, sendo o preconceito contra o mecanismo o principal deles. A razão para tanto dialoga com certo conservadorismo outrora bastante vislumbrado no ambiente jurídico brasileiro, mesmo que no final do século passado tenha sido formalizada a implementação de uma norma que regulamentou a Arbitragem no país.

3.1. BREVE HISTÓRICO ATÉ A INSTITUIÇÃO DA ARBITRAGEM NO BRASIL

Os primeiros registros a respeito da arbitragem datam civilização babilônica, aproximadamente 3000 (três mil) anos antes de Cristo. Já naquele momento quando ocorria um litígio entre as pessoas, as formas de solução passavam pelo meio privado. Entretanto, a marca indelével era que a resolução se dava por meio da autotutela, mais bem dizendo, a "justiça pelas próprias mãos".

Naturalmente, os caminhos da época, dentro dessa linha, passavam longe de uma justiça propriamente dita. Não foram poucas as vezes em que o caso concreto, levados a uma solução totalmente despreparada eram produto de ainda maior distanciamento de uma resolução equilibrada.

Muito a frente, já na Idade Média, tendo como pano de fundo a figura de um Estado incipiente que à época vigorava, entre barões, proprietários feudais, e cavaleiros era regular e normal a utilização da uma iniciativa de âmbito privado que procurava afastar conflitos bélicos. À época, o Estado não detinha a força de outrora, pulsavam os conflitos religiosos e a legislação não era incisiva o suficiente, estimulando a presença de uma forma de justiça de caráter privado.

Bem, mas no Brasil os primeiros relatos de uso de algo assemelhado à arbitragem atual se deram na Constituição de 1824, que em seu artigo 160 dispunha que "nas cíveis, e nas penas civilmente intentadas, poderão as partes nomear juízes árbitros. Suas sentenças serão executadas sem recurso, se assim convencionarem as mesmas partes". Pouco depois, em 1850, o finado Código Comercial tratava da arbitragem compulsória para questões de natureza mercantil. Nas questões envolvendo o território do Acre, de propriedade do Estado boliviano, também foi utilizado o mecanismo.

Ocorre que houve um hiato, uma elementar lacuna entre meados do século XIX e o final do passado. É bem verdade que nesse meio tempo existiram esforços para efetivar a instituição da Arbitragem no país, sobretudo com os defensores do instituto tentando positivar uma norma

irão ao encontro, sobre a definição da arbitragem, do sugerido no final do capítulo introdutório desse ensaio. Assim sendo, nas palavras de José Maria Rossani Garcez, a arbitragem é:

> uma técnica que visa solucionar questões de interesse de duas ou mais pessoas, físicas ou jurídicas, sobre as quais elas possam dispor livremente em termos de transação e renúncia, por decisão de uma ou de mais pessoas – o árbitro ou os árbitros -, os quais têm poderes para assim decidir pelas partes por delegação expressa destes resultantes de convenção privada, sem estar investidos dessas funções pelo Estado[14].

Confirmando a ponderação anterior o autor José Eduardo Carreira Alvim conceitua a arbitragem como sendo a "a instituição pela qual as pessoas capazes de contratar confiam a árbitros por eles indicados ou não o julgamento de seus litígios relativos a direitos transigíveis"[15].

Como arremate doutrinário, o Professor Charles Jarrosson, em sua tese de doutorado no ano de 1987, já definiu a arbitragem como "a instituição pela qual um terceiro resolve litígio que opõem duas ou mais partes, exercendo a missão jurisdicional que lhe é conferida pelas partes"[16].

Toda a formatação do instituto arbitral envolve as principais células indicativas do direito e do mundo jurídico[17]. E se funda, como bem explicam Modesto Carvalhosa e Nélson Eizirik[18]:

> na autonomia de vontade, que constitui, no plano dos direitos subjetivos, o poder se autorregulamentação ou autodisciplina dos interesses patrimoniais. No plano sociológico, a ontologia do instituto é a de promover melhor distribuição da justiça em decorrência da presteza e aprofundamento técnico que a sentença arbitral pode trazer às partes que convencionarão.

Entretanto, apesar de a Arbitragem oferecer as muitas vantagens que em seguida se observará, ainda há no Brasil alguma resistência em relação ao

---

14 GARCEZ, José Maria Rossani. **Técnicas de negociação**. Resolução alternativa de conflitos: ADRs, mediação, conciliação e arbitragem. Ri ode Janeiro: Forense, 1999, p. 84.

15 ALVIM. José Eduardo Carreira. **Comentário à Lei de Arbitragem** (Lei nº 9.307, de 23.09.1996). Rio de Janeiro, Lumen Juris, 2002, p. 14).

16 JARROSSON, Charles. **La notion d'arbitrage**. Paris, LGDI, 1987, nº 785.

17 GUILHERME, Luiz Fernando do Vale de Almeida. **Manual de arbitragem, mediação – conciliação e negociação**, 4. Ed., São Paulo: Saraiva, 2018, p. 44.

18 CARVALHOSA, Modesto; EIZIRIK, Nélson. **A nova Lei das Sociedades Anônimas**, São Paulo: Saraiva, 2001, p. 180.

Já disse, e voltando a epigrafe deste ambicioso, humilde trabalho, Aristóteles que o homem é um ser político por natureza, e por essa mesma razão tem incutido esse homem tem em suas vísceras a necessidade de viver em sociedade e colaborar com a criação das cidades. Para tanto, porém, são necessárias leis que estabilizem o meio social e regulem os limites de cada dos indivíduos na sociedade criada.

O grande problema é que, ainda que viva em sociedade, pelo próprio fato de homem eventualmente concorrer com o seu semelhante pelos mesmos bens escassos, naturalmente são criados aquilo que se convencionou chamar de conflitos de interesses. Daí para se ter a intitulada *lide* conhecida no universo jurídico o caminho é deveras natural.

A ideia do conflito é de aplicação quase inerente ao operador do direito que se acostuma nos bancos das universidades a desde logo estimular e a inspirar a sua veia beligerante. O grande problema é que essa dogmática certamente já ficou saturada. Uma porque o estímulo ao conflito gera, além de uma sociedade mais raivosa e vingativa, o atolamento dos cartórios forenses, devido ao acúmulo de processos judiciais. E como se não bastasse, as sociedades que o homem político eventualmente fez nascer não são mais as mesmas obviamente: todo o conjunto social evoluiu e passou por mudanças, com novas demandas instauradas. O problema é que obviamente a ciência jurídica está geralmente um passo atrás ao do desenvolvimento das relações, das tecnologias e afins, e o reflexo é um Poder Judiciário menos habilitado tecnicamente a dar as respostas requeridas pelas pessoas.

Logo, a Arbitragem não se apresenta apenas como uma solução para o problema do congestionamento de processos no Poder Judiciário, mas também como um remédio que torna o conflito mais brando, pois a delonga processual no Judiciário, na sua maioria das vezes, ao invés de solucionar um problema, cria outros, prolongando a questão além de aumentá-la.

Por essas razões, o passivo da empresa, no que tange ao seu departamento jurídico, é cada vez maior e de grande representatividade para a contabilidade final, inclusive, porque os advogados trabalham metas nos dias atuais. A empresa necessita, cada vez mais, de um departamento jurídico menos oneroso, que saiba atuar, ainda, de forma eficaz, nos meios alternativos de solução de conflitos, tal qual a Arbitragem.

A respeito do assunto, importa oferecer algumas palavras a respeito do conceito para servir de anteparo às divagações subsequentes, sendo certo que as apresentações dos ilustres doutrinadores que se seguirão

3
ARBITRAGEM

observando as diretrizes do próprio Código, inclusive da regulamentação da Comissão do Valores Mobiliários – CVM. Ademais, deverão ser buscadas a segregação das atividades do mercado de capitais e a adoção da Arbitragem sempre que possível, a fim de que sejam solucionados conflitos relativos aos contratos relacionados às Ofertas Públicas, bem como buscar entendimentos de auditores e advogados. Demais disso, outro atributo destinado às Instituições Participantes, quando Coordenadores, é a elaboração de prospectos contendo uma seção específica que descreva as práticas de Governança Corporativa, de acordo com o recomendado pelo Código de Melhores Práticas de Governança Corporativa do IBGC, ora adotada pela Emissora.

(Regulamento da BM&F BOVESPA/B3) que também se adotam um conjunto de regras a serem seguidas pela empresa que a incorporou, inclusive a Arbitragem"[11].

2.2. O CÓDIGO DE AUTO-REGULAMENTAÇÃO DA ANBIMA

Por fim, o Código de Auto-Regulamentação da Anbima para ofertas Públicas de Distribuição e Aquisição de Valores Mobiliários[12] também traz a Governança Corporativa como parte do foco por parte das Instituições Participantes das Ofertas Públicas no incentivo às Emissoras em aderir a tal política administrativa, inclusive, que seja no mínimo o nível 1 da B3, estimulando-se as a aderir, cada vez mais, ao nível mais elevado – exceto nas Ofertas Públicas Secundárias, em que os ofertantes dos valores mobiliários não sejam participantes do grupo de controle da companhia emissora dos mesmos. Assim, caso a Emissora não faça parte da Governança Corporativa, terá o prazo de 6 meses para implementá-la. Ainda as Instituições Participantes deverão conduzir o processo de diligência (*due diligence*)[13] das informações suficientes e precisas dos negócios e atividades da Emissora, destinando-as aos investidores,

---

11 Principais práticas segundo Regulamento do Novo Mercado e de Governança Corporativa da BM&F BOVESPA/B3: Realização de ofertas públicas de colocação de ações por meio de mecanismos que favoreçam a dispersão do capital; manutenção em circulação de uma parcela mínima de ações representando 25% do capital; extensão para todos os acionistas das mesmas condições obtidas pelos controladores quando da venda do controle da companhia (*tag along*); conselho de Administração com mínimo de cinco membros e mandato unificado de um ano; disponibilização de balanço anual seguindo as normas do US GAAP ou IFRS; introdução de melhorias nas informações prestadas trimestralmente, entre as quais a exigência de consolidação das demonstrações contábeis e de revisão especial de auditoria; obrigatoriedade de realização de uma oferta de compra de todas as ações em circulação, pelo valor econômico, nas hipóteses de fechamento do capital ou cancelamento do registro de negociação no Novo Mercado; informar negociações envolvendo ativos da empresa; apresentação das demonstrações de fluxo de caixa, adesão à Câmara de Arbitragem do Mercado para resolução de conflitos societários.

12 OPA – Oferta pública de adquisición.

13 Vide: GUILHERME, Luiz Fernando do Vale de Almeida. **Responsabilidade Civil do Advogado e da Sociedade de Advogados nas Auditorias Jurídicas**. São Paulo: Quartier Latin, 2005.

- O **Nível 1** emprega um sistema de melhorias no fornecimento de informações ao mercado e com a disperso acionária[9].

- No **Nível 2**, além de todas as obrigações contidas no Nível 1, a empresa e seus controladores adotam um conjunto bem mais amplo de práticas e de direitos adicionais para os acionistas minoritários, inclusive a adoção da Arbitragem[10].

Por último, o **Nível Novo Mercado** é: "um segmento de listagem destinado à negociação de ações emitidas por empresas que se comprometem, voluntariamente, com a adoção de práticas de governança corporativa e transparência adicionais em relação ao que é exigido pela legislação"

---

9   Principais práticas segundo Regulamento do Nível 1 de Governança Corporativa da BM&F BOVESPA/B3: manutenção em circulação (*free float*) de uma parcela mínima de ações, representando 25% do capital, realização de ofertas públicas de colocação de ações através de mecanismos que favoreçam a dispersão do capital; melhoria nas informações prestadas trimestralmente, entre as quais a exigência de consolidação e revisão especial; cumprimento de regras de *disclosure* em operações envolvendo ativos de emissão da companhia por parte de acionistas controladores ou administradores da empresa; divulgação de acordos de acionistas e programas de *stock options*; disponibilização de um calendário anual de eventos corporativo.

10   Principais práticas segundo o Regulamento do Nível 2 da Governança Corporativa da BM&F BOVESPA/B3: mandato Unificado de 1 ano para todo o Conselho de Administração e o mínimo de 5 membros; disponibilização do balanço anual segundo as normas do US GAAP ou IAS; extensão para todos os acionistas detentores de ações ordinárias das mesmas condições obtidas pelos controladores quando da venda do controle da companhia e de 70% deste valor para os detentores de ações preferenciais; direito de voto às ações preferenciais; direito de voto às ações preferenciais em algumas matérias como transformação, incorporação, cisão e fusão da companhia, aprovação de contratos entre a Companhia e empresas do mesmo grupo e outros assuntos em que possa haver conflito de interesses entre o controlador e a companhia; obrigatoriamente de realização de uma oferta de compra de todas as ações em circulação, pelo valor econômico, nas hipóteses de fechamento do capital ou cancelamento de registro de negociação neste Nível 2; adesão à Câmara de Arbitragem para a resolução de conflitos societários.

A ARBITRAGEM NA BOLSA DE VALORES DE SÃO PAULO (B3) E MADRID (BME)

2.1. O ESTÍMULO AO USO DAS PRÁTICAS DE GOVERNANÇA CORPORATIVA

Em que pese o fato de os dados retratarem período mais distante, a rigor e na prática, os dados evidenciam cenário que apenas se fortificou, depois.

No Brasil, o Instituto de Governança Corporativa – IGBC, a Bolsa de Valores do Estado de São Paulo – (antiga Bovespa, depois BM&F Bovespa, atual B3) e, agora, a Anbima[6] (Associação Brasileira das Entidades do Mercado Financeiro e de Capitais) vêem estimulando a empregabilidade dessa política, que criam um conjunto de práticas com o escopo de melhorar a prestação de informações aos investidores.

O mercado de capitais, as empresas, os investidores e a mídia especializada já há muito utilizam, habitualmente, a Governança Corporativa e ao maior responsável por isso foi o IGBC, com o seu Código das Melhores Práticas da Governança Corporativa"[78].

A então BM&F BOVESPA (atual B3) fez a sua contribuição elaborando a implementação de níveis de Governança Corporativa, as quais adotam práticas, em larga escala diferenciada e maior, sendo, respectivamente, aquelas que tratam dos níveis 1, 2 e novo mercado. Veja-se:

---

6   O Anbima (Associação Brasileira das Entidades do Mercado Financeiro e de Capitais) consiste no órgão que substitui a antiga Anbid (Associação Nacional dos Bancos de Investimento).

7   "Governança Corporativa é o sistema pelo qual as sociedades são dirigidas e monitoradas, envolvendo os relacionamentos entre acionistas/cotistas, Conselho de Administração, Diretoria, Auditoria Independente e Conselho Fiscal. As boas práticas de governança corporativa têm a finalidade de aumentar o valor da sociedade, facilitar seu acesso ao capital e contribuir para a sua perenidade".

8   "É um sistema pelo qual as sociedades são geridas a partir do relacionamento entre acionistas, conselho de administração, diretoria, auditoria independente e conselho fiscal. Boas práticas de governança corporativa visam aumentar o valor da empresa, facilitar seu acesso ao capital e contribuir para a sua perenidade". Conteúdo extraído do material "Introdução ao Mercado de Capitais", de autoria da BM&F BOVESPA/B3. Disponível em www3.eliteccvm.com.br/novo/upload/.../62c57d602a2e086ccaa.pdf. Acesso em 26/12/2017.

financiamento para o mercado empresarial, que foi acelerado em decorrência da globalização e contribuições das empresas estatais brasileiras que ingressaram no mercado de valores.

Hoje, diversos organismos e instituições internacionais – entre eles o G7 e a OCDE (Organização para a Cooperação e o Desenvolvimento Econômico), o Banco Mundial e o FMI – dão preferência à Governança Corporativa, estimulando, consequentemente, a adoção prática em escala internacional.

Dito isso,

*Em junho de 2000, a **Mkinsey & Co**[4], em parceria com o Banco Mundial, conduziu uma pesquisa ("Investors Opinon Survey"), junto a investidores, representando um total de carteira superior a US$ 1.650 bilhões, destinada a detectar e medir eventuais acréscimos de valor às companhias e medir eventuais acréscimos de valor às companhias que adotassem boas práticas de governança corporativa. Apurou-se que os investidores pagariam entre 18% e 28% a mais por ações de empresas que adotam melhores práticas de administração e transparência. Algumas outras das conclusões dessa pesquisa:*

- os direitos dos acionistas foram classificados como a questão mais importante de governança corporativa da América Latina;

- três quartos dos investidores dizem que as práticas do conselho de administração são pelo menos tão importantes quanto a performance financeira quando estão avaliando companhias para investimentos. Na América Latina, quase metade dos correspondentes considera que as práticas do conselho de administração são mais importantes que a performance financeira;

- Na América Latina e na Ásia, onde os relatórios financeiros são limitados e frequentemente de má qualidade, os investidores preferem não confiar apenas em números. Eles acreditam que seus investimentos estarão mais protegidos por companhias com boa governança corporativa que respeitem direitos dos acionistas;

- a qualidade da administração da companhia não raro é mais importante do que questões financeiras nas decisões sobre investimentos[5].

A partir da análise etnográfica acima, destacará como se faz o estímulo ao uso das práticas de Governança Corporativa.

---

4   A empresa norte americana Mckinsey & Company vem a ser uma das empresas líderes mundiais no mercado de consultoria empresarial.

5   Fonte: Instituto Brasileiro de Governança Corporativa (http://www.ibgc. org.br/home.asp).

Devido ao forte crescimento do mercado de capitais, nos países desenvolvidos e em desenvolvimento, cresceu a preocupação sobre a forma de representação e defesa dos interesses dos investidores institucionais em todos os mercados de capitais, tendo em vista as enormes quantias aplicadas. Dessa forma, surgiu a Governança Corporativa, nos Estados Unidos e na Inglaterra, que já tinha como foco abranger assuntos relacionados ao poder e ao controle e direção da empresa, relacionadas ao âmago das sociedades comerciais.

Todavia, a Governança Corporativa não condiciona a empresa ao êxito se não houver, ao mesmo tempo, um negócio bem administrado, com qualidade e lucratividade, com a implantação da equidade entre os investidores. A Governança Corporativa é focada na valorização da empresa, entretanto não a faz por si.

Segundo o Código de Melhores Práticas da Governança Corporativa, o grande objetivo desta é o de aumentar o valor da sociedade; enaltecer o seu desempenho; viabilizar com mais facilidade o acesso ao capital a custos mais baixos e contribuir para a sua perenidade. Na UE existe uma norma sobre os mercados e instituições financeiras baseados na Diretiva 2014/65/EU (MIFID II).[3]

Como princípios do dogmatismo nos dois continentes, há a: (i) transparência, que consiste na prática da ideia de "mais do que informar, o desejo é o de informar de maneira espontânea, franca e rápida". Além dessa, há o (ii) princípio da equidade, que se sustenta na lógica de que deve ser visto o tratamento justo e igualitário de todos os grupos independentemente de qualquer hierarquia e sem qualquer discriminação. Depois, também se sustenta na (iii) "prestação de contas" (os agentes da Governança Corporativa, além da prestação de contas a quem os elegeu, responde, também, por todos os atos inerentes ao exercício de seu mandato); (iv) e responsabilidade corporativa (tanto os executivos quantos os conselheiros; contempla todos os relacionamentos com a comunidade em que a empresa atua, tanto na órbita dos negócios quanto fatores sociais e ambientais, por exemplo ambiente laboratial).

Como efeito desta política, a Governança Corporativa vem crescendo em larga escala nos últimos dez anos em todos os países do mundo. No Brasil, em particular, começou a surgir para atrair capitais e matrizes de

---

3   Em 16.11.2017 fora implementada a aplicação do MIFID II e da MIFIR no território espanhol, sendo que fora atualizado em 23.3.2018 em prol da transparência do mercado.

2
DA GOVERNANÇA CORPORATIVA

pela falta de informações aos investidores do que se vem estruturando os papéis. A grande questão fica em torno da segurança e da emoção trazida pelo mercado àqueles que apostam nesse tipo de papéis como investimento, não como poupador.

Portanto, deve-se se ater a mecanismos mais ágeis e com maior expertise neste mercado, onde o primordial será a confiança entre seus personagens, portanto, e com base na Diretiva da EU, far-se-á uma proposição de se utilizar arbitragem neste cenário, inclusive, dentro da governança corporativa a ser tratada neste trabalho.

---

scrip dividendos, RDM, n. 284, 2012, pp. 141-180; ARAGÓN TARDÓN, S. Singularidades de los scripts *dividends* como nueva tendencia de retribuición a los accionistas, RMV, n. 13, 2013, pp. 123-140 y TARDON, Susana A. Seis años de scrip dividends en el IBEX 35 (2009-2015), RDBB, 142, pp. 181 – 196, 2016. Las sociedades no hacen la remuneración en efectivo y si en acciones.

há que se ir mais a fundo na observação. É importante deixar de lado o olhar de soslaio para se enxergar com mais clareza o que também há de interessante nos muitos conflitos que existem no mercado financeiro, seja o brasileiro, seja o espanhol ou o europeu.

Há que se perceber que em ambos os ambientes financeiros, na hipótese da utilização da arbitragem ou de quaisquer outros meios extrajudiciais de solução de conflitos, cuida-se especificamente de "dinheiro", tempo e de riqueza, quando a discussão mais substancial deveria ser a disputa de poder ou a disputa, antes de mais nada, pelo poder. Isso mesmo. É até interessante enveredar por um tortuoso caminho de debate, ainda que não em minúcias, que diga respeito a aquilo que de fato move o indivíduo que trafega por essas vias do universo financeiro. Isso leva o estudioso a perceber os aspectos psíquicos que orientam as escolhas da pessoa, pondo-as em xeque justamente porque, atualmente, cada vez mais as pessoas – dentro ou fora do ambiente financeiro -, objetivam outros fins que não apenas o dinheiro ou a riqueza, mas, sim, na verdade, a felicidade, a saúde e o amor.

Isso dá bem a medida de como o investidor, quando vivencia conflitos no ambiente financeiro, na verdade, mais do que a riqueza proveniente de sua atividade no mercado, objetiva o ideário de poder adstrito ao sucesso presente nesse certame.

O processo de globalização econômica está trazendo uma corrida ao Judiciário exacerbada muito por conta da crise de 2008/2009[2], mas muito

---

2   La reciente crisis financiera ha tenido una incidencia significativa y desfavorable en los resultados financieros de las sociedades, trayendo muchos conflictos para satisfacer la remuneración a sus accionistas o investidores. Con la finalidad de lograr este objetivo, entre las sociedades cotizadas en el Sistema de Interconexión Bursátil Español (SIBE) y, especialmente, entre las sociedades integrantes del Ibex 35, se ha generalizado la utilización de *Scrip Dividends*, o sea, una fórmula de remuneración al accionista importada del Derecho anglosajón y que permite al accionista adaptar las retribuciones a sus diferentes necesidades y circunstancias individuales, dentro ellas pódense citar: Banco Santander, Iberdrola, BBVA, Banco Popular, Gamesa, Fenosa – Gas Natural, Bankinter, Tefónica y Repsol. Sobre esta materia: ALONSO UREBA, A. y RONCERO SÁNCHEZ, A. **Los programas de remuneración del accionista vinculados a la entrega de acciones (*scrip dividends*) y el cómputo del dividendo mínimo como presupuesto de la retribución de los administradores basada en beneficio**, Rds, n. 41, 2013, pp. 383-396; IRIBARREN BLANCO, M. **Los dividendos electivos o**

é a utilização da Arbitragem a qual é um método extrajudicial de solução de conflitos – além da Mediação e Conciliação. Trata-se de um instituto em que um terceiro, ou mais (sempre em número ímpar) solucionam conflito entre duas pessoas – sejam elas naturais e/ou jurídicas, privadas e/ou públicas, ou mais, atuando como instância jurisdicional, de acordo com o estabelecido contratualmente.

De outro giro, tendo em mente o ambiente europeu, o que se verifica naquele espaço é a apresentação de um conjunto de regras bastante severo e restrito. O que não quer dizer, sob nenhum aspecto, antiquado. Na verdade, o mercado financeiro na Europa é guiado por um apanhado de princípios e disposições representados por um instrumento legal nominado Diretiva pela União Europeia. Atualmente, o instrumento que melhor orienta e regulamenta o mercado é a Diretiva 2014/65/UE do Parlamento Europeu.

Produto de outras diretivas, a 2014/65/UE reflete a evolução da comunidade naquele continente, levando em consideração o desenvolvimento e os passos da sociedade e do próprio mercado.

O mercado financeiro na Europa, a partir da Diretiva 2014/65, recebeu normas que muito se parecem com aquelas observadas no Brasil, do ponto de vista da obrigação da inclusão de mecanismos de controle que flertam com as práticas de governança corporativa vistos no território brasileiro, detidamente na Bolsa de Valores de São Paulo, ora B3. É bem verdade que a governança corporativa apresenta características e requisitos outros que não, somente, aqueles que tratam de protocolos de controle interno externo, mas, também, aqueles que fundamentam a o diálogo entre os setores da entidade para, ao fim, alcançar o objetivo último da governança corporativa, que vem a ser a valorização da empresa.

Assim, a Diretiva, com os seus mandamentos, também objetiva um mercado mais saudável e equilibrado e, por último, o mesmo instrumento ainda, declaradamente, encoraja a utilização por parte dos agentes econômicos de meios extrajudiciais de solução de controvérsias, expediente obrigatório no mercado financeiro de São Paulo, em certos casos.

Ao fim e ao cabo, os mercados financeiros europeu e do Brasil apresentam características similares e que apresentam aspectos de modernidade em seus preceitos.

Ocorre que isso, por si só, não é o suficiente. Em verdade, sob a premissa de uma análise mais profunda, que deixe de lado meramente o olhar mecânico e analítico, que flerte com as posições mais *xiitas* e cartesianas,

A ARBITRAGEM NA BOLSA DE VALORES DE SÃO PAULO (B3) E MADRID (BME)

Atua-se de forma cômoda e conservadora, por desconhecermos ou pré-julgarmos, qualquer outro meio que possa suprir as necessidades impostas pela realidade dos fatos.

Por vezes, ainda, quando é resolvido o litígio no Judiciário, nem sempre as partes litigantes estão, de fato, satisfeitas com o feito e, ainda, quando não são surgidos outros conflitos em decorrência do primeiro, o que torna um círculo vicioso, onde nada será solucionado de fato e, cada vez mais, todos se tornam escravos desse sistema superado.

Mister é salientar que nessa nova ordem global, os problemas internacionais são bem mais evidentes e tão importantes quanto os nacionais, pois além do Direito Interno e o Direito Internacional Público, vê-se em grande expansão o chamado *Direito Comunitário*, o qual é supranacional incorporando-se, ao mesmo tempo, aos direitos nacionais com aplicabilidade direta – inclusive, conforme o caso, sem que haja recepção formal o que transcende às questões de disputa de soberania. Tal soberania, por sua vez, é colocada em xeque, bem como a centralização normativa, pela formação de um centro de poder que é o mercado transnacional. Em função disso, as normas constitucionais estão perdendo espaço para os novos esquemas regulatórios e as novas formas organizacionais e institucionais supranacionais.

Com a diminuição de espaço de fronteiras, devido à globalização e o processo fugaz da tecnologia, o fluxo de comunicação entra as pessoas se faz de forma mais rápida, principalmente para quem atua no mercado de capitais, os quais não podem perder sequer um minuto, que os levam, consequentemente, a perder milhares de negócios, ou seja, milhões e até bilhões de Reais ("R$"), em decorrência de um processo judicial que não se finda. Sob essa mesma ótica surgem situações em que a ideia de um sistema econômico nacional autossustentável passa ser visto como anacrônico.

No mundo dos negócios as mudanças são necessárias e válidas, tendo em vista as várias alterações ocorridas em um curto espaço de tempo. Ser arrojado é implementar sistemas mais modernos e eficientes, que levam a empresa a somar um lucro cada vez maior. Diante desse fato, não apenas o jurista, mas também a formação acadêmica dos profissionais do direito veem se mostrando apáticos e cegos a essas transformações.

Ademais, instituições do mercado de capitais vêm investindo cada vez mais na implementação da Governança Corporativa, tendo em vista as inúmeras vantagens que ela proporciona à empresa. E uma das vantagens

cessidades específicas (como é o caso, por exemplo, dos procedimentos normativos oriundos das práticas mercantis adotadas pelas empresas transnacionais na economia mundial). A norma vigente no país, com os seus conceitos jurídicos construídos pela tradição dogmática tais como a soberania, a legalidade, a validez, a hierarquia das leis, a segurança e as certezas jurídicas, não condiz com realidade do mundo dos negócios, em sua grande parte, ocasionando, assim, prejuízo às empresas, bem como em qualquer relação entre pessoas.

---

que ha venido a describirse como una «... era competitiva...». Los Estados han modificado su legislación nacional y las instituciones han revisado sus normas para asegurarse de que continuarán atrayendo el gran negocio del arbitraje. La competencia entre las firmas de abogados para obtener una mayor porción de la tarta del arbitraje es mayor que nunca. Se ha creado una floreciente industria de compañías que organizan una amplia gama de conferencias, reuniones y seminarios o que publican libros y revistas en relación con el arbitraje. Hay una sutil competencia entre los árbitros para obtener su designación. Tal y como ya se ha dicho antes «... puede entonces afirmarse que la competencia forma parte del hábitat natural del arbitraje globalizado...». Ha surgido además recientemente un sector con connotaciones marcadamente radicales de grupos de protesta, normalmente con una estructura y un liderazgo más opacos, organizado a través de Internet, opuesto a la globalización y que ha protestado de viva voz e insistentemente. Estos grupos han elegido como blanco y boicoteado las conferencias internacionales relacionadas con el comercio tanto en Europa como en los Estados Unidos. Este breve examen de la globalización y del arbitraje internacional no resultaría completo sin mencionar el fracaso del Acuerdo Multilateral de Inversiones («AMI»). La negociación del AMI bajo los auspicios de la OCDE se inició en 1995 y su objetivo consistía en «... proporcionar un amplio marco multilateral de inversión internacional con altos estándares para la liberalización de regímenes de inversión y de protección a la inversión, con disposiciones efectivas para el arreglo de diferencias...». El borrador AMI estipulaba el arbitraje tanto Estado a Estado como inversor-Estado. CREMADES, Bernardo M. Arbitration in Investment Treaties: **Public Offer of arbitration in Investment Protection Treaties** at BRINER, FORTIER, BERGER and BREDOW (eds.), Law of International Business and Dispute Settlement in the 21st Century (Liber Amicorum Karl-Heinz Böckstiegel) (Carl Heymanns Verlag KG, Köln, Berlín, Bonn, München, 2001), 149-164; Jan PAULSSON, «Arbitration Without Privity», (1995) 10 ICSDI Review-Foreign Investment Law Journal, 232-257. CREMADES, Bernardo M.; CAIRNS, David Já. **El arbitraje em la Encrucijada entre la globalizacion y sus detractores.** Diario La Ley, Nº 5538, Sección Doctrina, 7 de Mayo de 2002, Año XXIII, Ref. D-123, pág. 1628, tomo 4, Editorial LA LEY. LA LEY 2089/2002

las diferencias de tipo jurídico antes que diplomático y, dentro de las nuevas estructuras jurídicas, al reconocimiento de derechos privados de acción por parte de los individuos frente a los Estados. De este modo, el derecho al arbitraje de un inversor extranjero frente a un Estado receptor con arreglo a un tratado de inversión multilateral o bilateral tiene su contrapartida de derechos humanos en peticiones privadas conforme al Convenio Europeo para la Protección de los Derechos Humanos o a la Comisión Interamericana de Derechos Humanos. Tanto el Derecho mercantil como la legislación sobre derechos humanos se inspiran también en doctrinas legales internacionales establecidas, tales como el agotamiento de recursos y la denegación de justicia. La globalización ha supuesto un estímulo en muchos aspectos importantes de la propiedad intelectual, incluyendo un papel de mayor contenido para el arbitraje. El desarrollo del arbitraje respecto a derechos de propiedad intelectual se ha visto tradicionalmente dificultado por dudas en cuanto a la posibilidad de someter a arbitraje ciertas diferencias referentes en particular a patentes y marcas registradas. La inclusión de la propiedad intelectual en la definición de inversiones en algunos acuerdos de inversión multilaterales y bilaterales confirma la posibilidad de someter a arbitraje estos derechos ante instituciones internacionales. El establecimiento del Centro de Mediación y Arbitraje OMPI (Organización Mundial de Propiedad Intelectual) hace previsible una relación más positiva entre propiedad intelectual y arbitraje en el futuro; el hecho de que el Centro de Mediación y Arbitraje OMPI no haya estado muy ocupado hasta el momento podría obedecer a las mismas razones ya expuestas en relación con el funcionamiento del CIADI en los años siguientes a su establecimiento. Globalización, propiedad intelectual y arbitraje han ido también de la mano en el ciberespacio, donde el arbitraje (en esta fase de forma relativamente rudimentaria) constituye la base de la legislación en desarrollo para la resolución de diferencias sobre el nombre de un dominio. La institución privada de arbitraje con un carácter más global es la Corte de Arbitraje de la Cámara Internacional de Comercio de París, originariamente establecida en 1923. La cantidad de trabajo continúa creciendo y actualmente recibe más de quinientas solicitudes de arbitraje cada año de cualquier lugar del mundo. Otras instituciones europeas de arbitraje establecidas hace tiempo, tales como la Corte de Arbitraje Internacional de Londres y el Instituto de Arbitraje de la Cámara de Comercio de Estocolmo han seguido prosperando, pero se les ha ido uniendo un número siempre creciente de nuevas instituciones de otras regiones del planeta. La Comisión Internacional de Arbitraje Económico y Comercial de China (CIETAC), establecida en 1956, es ahora el centro de arbitraje más activo del mundo, en términos de número de casos ya que no de su importancia, y entre las demás instituciones regionales de éxito hay que mencionar el Centro Regional de Arbitraje Comercial Internacional de El Cairo, establecido en 1979 y el Centro de Arbitraje Internacional de Hong Kong, en 1985. Los anuncios de apertura de nuevos centros de arbitraje o Resolución Alternativa de Disputas («ADR») aparecen de forma regular. En la práctica, el arbitraje ha entrado en lo

y Protección Recíproca de Inversiones («APPRIs»), de tal manera que a 1 de enero de 2000 había 1.857 APPRIs que incluían a 173 países. Los APPRIs normalmente incluyen estipulaciones referentes a la definición de una inversión extranjera (que en la mayor parte de los casos incluye activo material e inmaterial y a menudo propiedad intelectual), la admisión de inversiones, criterios de tratamiento nacional, de nación más favorecida y trato justo y equitativo, compensación por expropiación y arreglo de diferencias. Las disposiciones que contemplan el arreglo de diferencias estipulan de forma casi invariable tanto el arbitraje Estado a Estado como inversor-Estado. En el caso de este último, se estipula habitualmente (a opción del inversor) el recurso a los tribunales competentes del Estado Parte o al arbitraje CIADI con arreglo a la Convención de Washington de 1965 (o a las Reglas CIADI Mecanismo Complementario, en su caso) o al arbitraje conforme a las Reglas de Arbitraje de la Comisión de las Naciones Unidas para el Derecho Mercantil Internacional («CNUDMI»). Estos hechos nos confirman que los arbitrajes inversor-Estado constituyen ahora una característica arraigada y extremadamente importante del moderno arbitraje comercial internacional. Un nuevo hito en la liberalización del comercio mundial se alcanzó en 1994 con la finalización de la Ronda Uruguay del GATT. La Ronda Uruguay tuvo también por resultado el establecimiento de la Organización Mundial del Comercio (OMC) el 1 de enero de 1995, cuyas funciones incluyen la regulación de un nuevo sistema de arreglo internacional de diferencias a través del Acuerdo para el Establecimiento del Conflicto (DSU) diseñado para resolver controversias entre Estados en relación con los Acuerdos resultantes de la Ronda Uruguay. Las disposiciones para la resolución de diferencias contenidas en los APPRIs, el éxito del CIADI y el establecimiento del DSU son la confirmación de una fuerte tendencia moderna al arreglo de diferencias comerciales y de inversión por medios jurídicos antes que de tipo diplomático, sobre la base de criterios de tratamiento nacional, de nación más favorecida y trato justo y adecuado, así como compensación por expropiación. Una preferencia similar por enfoques jurídicos antes que diplomáticos en relación con la resolución de diferencias internacionales, que ha realzado de forma notable el perfil del arbitraje internacional, ha sido también confirmada por algunos hechos ad hoc, tales como la labor desarrollada por el Tribunal de Reclamaciones Irán-Estados Unidos. El fenómeno de la globalización ha coincidido con una «… revolución…» en la protección internacional de los derechos humanos, y pueden ser trazados algunos paralelismos entre acontecimientos en este terreno y el arbitraje comercial internacional. La liberalización del comercio y la aceptación de un arbitraje obligatorio en diferencias relativas a inversiones ha venido acompañando a menudo o ha seguido muy de cerca a las mejoras en el campo de los derechos civiles y políticos, como por ejemplo en algunos países latinoamericanos. La legislación de derechos humanos y la moderna legislación comercial comparten una preocupación común por la protección de los nacionales de un Estado dentro de la jurisdicción nacional de otro y en ambos sectores ha habido una tendencia creciente a una resolución de

Com a evidente lentidão e sobrecarga de processos no Poder Judiciário, há a necessidade de se utilizar, pelo menos, de um método extrajudicial de solução de conflitos, haja vista que o sistema Judiciário não possui estrutura adequada para resolver em tempo hábil os milhares de processos que se acumulam a cada dia. Ademais, o direito positivo enfrenta dificuldades crescentes, devido a sua ineficácia, já que as regras postas pelo Estado têm sua efetividade desafiada pelo aparecimento de normas espontaneamente geridas em diferentes ramos e setores da economia, principalmente por conta da economia globalizada[1], a partir de suas ne-

---

1 Importante trazer um breve resumo sobre a globalização e as arbitragens internacionais, as quais poder-se-á utilizar como paradigma para as nacionais no caso em tela de direito mercantil: *Las pasadas cuatro décadas han constituido un periodo de expansión del arbitraje comercial internacional. Esta globalización del arbitraje comercial internacional comenzó con la Convención sobre el Reconocimiento y la Ejecución de las Sentencias Arbitrales Extranjeras (LA LEY 92/1958), Nueva York, 1958 («Convención de Nueva York»). El éxito de esta Convención en términos del número de Estados adheridos, el respeto que ha conseguido de tribunales nacionales y su lograda redacción que no ha requerido modificación alguna, ha supuesto una sólida base para el posterior crecimiento del arbitraje comercial internacional y un influjo beneficioso sobre la armonización internacional de la legislación de arbitraje. La Convención de Nueva York se ha visto complementada por iniciativas de armonización regional tales como el Convenio Europeo sobre Arbitraje Comercial Internacional (LA LEY 21/1961), Ginebra, 1961, la Convención Interamericana sobre Arbitraje Comercial Internacional, Panamá, 1975, y el Tratado para la Armonización del Derecho de Negocios Africano de 1993 (OHADA). Un fuerte impulso al proceso de armonización internacional del Derecho de arbitraje ha venido dado por la Ley Modelo de la UNCITRAL sobre Arbitraje Comercial Internacional concluida en 1985 y que en junio de 2000 constituía la base del derecho de arbitraje de treinta y nueve jurisdicciones diferentes. La creación en paralelo de la Ley Modelo en seis lenguas (árabe, chino, inglés, francés, ruso y español), así como la disponibilidad de jurisprudencia referente a dicha Ley Modelo en estas seis lenguas, a través de la Jurisprudencia en Textos CNUDMI o CLOUT, pròbablemente consolidarán su influjo armonizador* (Vide: GUILHERME, Luiz Fernando do Vale de Almeida. **Manual de Arbitragem, Mediação, Conciliação e Negociação**, 4. ed., São Paulo: Saraiva, 2018, anexo II). *Tres importantes acuerdos multilaterales en el ámbito americano: el Tratado de Libre Comercio de América del Norte de 1992 («TLCAN»); el Protocolo de Colonia para la Promoción y Protección Recíproca de Inversiones en el MERCOSUR de 1991; el Tratado de Libre Comercio entre México, Colombia y Venezuela, con un cuarto acuerdo, Area de Libre Comercio de las Américas, actualmente en fase de negociación (ALCA). Ha habido asimismo un crecimiento exponencial de los Acuerdos para Promoción*

1
INTRODUÇÃO

JOÃO GRANDINO RODAS

Presidente do Centro de Estudos de Direito Econômico e Social – CEDES. Reitor da Universidade de São Paulo – USP (2010/2014). Diretor da Faculdade de Direito da USP (2006/2010). Membro Titular do Tribunal Permanente de Revisão do MERCOSUL (2004/2010), tendo sido seu Presidente em 2007/2008. Membro do Conselho Diretor da Comissão Fulbright para Intercâmbio Educacional entre os Estados Unidos da América e o Brasil (2000/2010). Membro da Comissão Jurídica Interamericana da OEA (1996/2006), de que foi Presidente em 2000/2002, e Vice-Presidente em 1998/2000.

Juiz do Tribunal Administrativo do Sistema Econômico Latino Americano - SELA (2000/2013). Presidente do Conselho Administrativo de Defesa Econômica – CADE (2000/2004). Chefe da Consultoria Jurídica do Ministério das Relações Exteriores (1993/1998). Desembargador-Federal do TRF da 3a Região (1989-1993). Juiz Federal (1980/1989).

O estudo, a partir da utilização de multi métodos de pesquisa, (i) o analítico-dogmático; (ii) o empírico e; (iii) o crítico-normativo nos apresenta a análise crítica. A partir de pontos de vistas constata que, ainda que existam os meios extrajudiciais de solução de conflitos como a arbitragem, e ainda que sejam previstos e estimulados, tanto no Brasil - especificamente no mercado financeiro do Estado de São Paulo -, quanto no europeu, os grandes conflitos vivenciados nesse mercado e que são passíveis de resolução por meio do instituto arbitral, na realidade tem como elemento fundamental, não necessariamente a riqueza dos envolvidos, mas sim a necessidade de ganho e de manutenção de poder, em uma demonstração nítida do ego e da vaidade dos atores que militam nesse cenário.

Luiz Fernando de Almeida Guilherme é um docente aclamado por seus alunos e advogado, altamente reconhecido pelo mercado. Desde o início dos anos 2000, após passagem por grupo de estudos liderado pelos reconhecidos professores José Manoel de Arrruda Alvim Netto, Thereza Alvim e Eduardo Arruda Alvim - grandes processualistas brasileiros - vem ministrando palestras e desenvolvendo estudos que culminaram com edição de livros e artigos. São mais de 100 publicações, algumas delas, inclusive em coautoria com grandes juristas brasileiros, destacando-se: (i) Código Civil interpretado: artigo por artigo; parágrafo por parágrafo; (ii) Manual de Arbitragem, Mediação, conciliação e negociação; (iii) Visão Multidisciplinar das Soluções de Conflitos no Brasil (CEDES); (iv) Código Civil Interpretado artigo por artigo, parágrafo por parágrafo. (v) Soluções Extra Juduciais de Controvérsias Empresariais; (vi) A revolução das moedas digitais: bitcoins e altcoins. (vii) NCPC 2016 Manual dos MESCs: meios extrajudiciais de solução de conflitos. (viii) Função Social do contrato e contrato social: analise da crise econômica. (ix) O direito nos Tribunais superiores com ênfase no novo direito processual civil, (x) Execução Civil e temas afins - DO CPC/1973 ao novo CPC. (xi) Atualidades jurídicas, (xii) Manual da Arbitragem. (xiii) Responsabilidade Civil II. (xiv) Estudos em homenagem ao acadêmico Ministro Moreira Alves.

Obrigado Dr. Luiz Fernando por brindar a comunidade acadêmica e os operadores do Direito com importantes reflexões!

PREFÁCIO

Não se constitui em novidade que Luiz Fernando do Vale de Almeida Guilherme é reconhecido como notável conhecedor dos meios extrajudiciais de solução de conflitos, notadamente a negociação, conciliação, mediação e arbitragem. Angariou essa fama, graças à publicação de livros e artigos, bem como por suas conferências e aulas sobre o assunto. Desde os tempos de graduação na Pontifícia Universidade Católica de São Paulo, o Dr. Luiz Fernando já se preocupava com o assunto, não o descurando na época de seu doutorado na referida escola e, mais recentemente, de seu pós-doutorado na Universidade, oito vezes centenária, de Salamanca.

O trabalho que, mais especificamente, trata da Arbitragem na Bolsa de São Paulo (Brasil) e de Madri (Espanha), desenvolvido no pós-doutorado, apresenta de forma clara, aspectos da governança corporativa e do instituto da arbitragem, e como tais caminham nas resoluções de conflitos societários, no mercado financeiro de São Paulo. Relevante, por seus aspectos práticos, a escolha do tema bem retrata, em sua abrangência, tópicos bem escolhidos e concatenados, relacionados ao uso e ao estímulo das práticas de Governança Corporativa, do Código de Auto-Regulamentação da Associação Brasileira das Entidades dos Mercados Financeiro e de Capitais (Anbima). O ensaio abraça o leitor ao invocar desde as características mais periféricas que norteiam a Arbitragem, tais como as vantagens do instituto; a designação da cláusula arbitral compromissória; e o exemplo de cláusula cheia para a solução de controvérsias, até alcançar a metodologia adotada pela B3, assim como os elementos de incidência do Código de Auto-Regulamentação da Anbima.

Dando continuidade às lições, a presente pesquisa passa a analisar o funcionamento da normativa constante do mercado financeiro europeu. É então explicitada a atuação de procedimentos igualmente hodiernos no ambiente europeu e a possibilidade de utilização da arbitragem na resolução dos conflitos no sistema financeiro desse continente.

Após cuidadosa análise, o autor nos adverte que, positivamente, há esforços legislativos no Brasil e atentos às intenções da sociedade que vem clamando por respostas mais céleres e eficazes no ambiente negocial, proporcionando mais dinamismo nas interações. Prever a utilização de mecanismos modernos de resolução de conflitos pode significar a diferença entre estar preparado para os próximos investimentos e perder a próxima grande oportunidade do mercado.

5.4.	OS CONFLITOS DE INTERESSES NO MERCADO DE CAPITAIS EUROPEU	68
5.5.	MANUTENÇÃO DA INTEGRIDADE DO MERCADO	69
5.6.	AS DISPOSIÇÕES CONTIDAS NO ARTIGO 44 DA DIRETIVA 2014/65	70
5.7.	UTILIZAÇÃO DE MECANISMOS EXTRAJUDICIAIS DE SOLUÇÃO DE LITÍGIOS	71
6	**DAS SEMELHANÇAS: BRASIL E EUROPA**	**83**
6.1.	OS REAIS INTERESSES DOS CONDUTORES DE NEGÓCIOS NAS BOLSAS DE VALORES	86
7	**CONCLUSÃO**	**93**
	BIBLIOGRAFIA	**99**

PREFÁCIO		**17**
1	**INTRODUÇÃO**	**21**
2	**DA GOVERNANÇA CORPORATIVA**	**31**
2.1.	O ESTÍMULO AO USO DAS PRÁTICAS DE GOVERNANÇA CORPORATIVA	35
2.2.	O CÓDIGO DE AUTO-REGULAMENTAÇÃO DA ANBIMA	37
3	**ARBITRAGEM**	**39**
3.1.	BREVE HISTÓRICO ATÉ A INSTITUIÇÃO DA ARBITRAGEM NO BRASIL	43
3.2.	AS VANTAGENS DA ARBITRAGEM	45
3.3.	METODOLOGIA ADOTADA PELA BM&F BOVESPA/B3	47
3.4.	DA CLÁUSULA ARBITRAL COMPROMISSÓRIA	49
4	**DA JURISDIÇÃO DA ANBIMA – BRASIL**	**55**
4.1.	OS ELEMENTOS DE INCIDÊNCIA DO CÓDIGO DE AUTO-REGULAMENTAÇÃO DA ANBIMA	57
5	**DIREITO COMPARADO**	**59**
5.1.	DADOS DO MERCADO EUROPEU	61
5.2.	DIRETIVA 2014/65/UE	62
5.3.	AS SEMELHANÇAS ENTRE OS DOIS INSTRUMENTOS DE MERCADO	63

EPÍGRAFE

Não foram poucas as dúvidas e os questionamentos que acalentaram o meu coração e que me atordoaram a alma na busca incessante por um objeto com o qual eu pudesse dialogar e expor as minhas ainda parcas ideias ao meu querido leitor.

E apesar das pesquisas e dos estudos de temáticas, nada me soou mais honesto e original quanto um profundo respiro e a visão no ar rarefeito de que a inspiração é apenas sentida e nunca alcançada.

Mas não havia como deixar de lado os célebres dizeres de Goethe, em Fausto, ao profanar o sentimento que nesse momento também me guia, ante a dúvida sobre ser ou não possível contribuir com a academia:

> "Encontro-me tal como antes
> Em nada saí do rol de ignorantes...
> E vejo que nada podemos saber!
> Isso faz o coração ferver".

Então, nada mais legítimo e fiel ao meu sentir quanto à interpretação que Sócrates realizou ao pensar na intenção do oráculo de Delfos:

> "Entre os homens é mais sábio aquele que, como Sócrates, reconhece que, na realidade, não possui nenhuma sabedoria".

O oráculo de Delfos, figura das mais lendárias da Grécia antiga, que, entre outros na busca de si mesmos e de conselhos, recebeu, inclusive, Alexandre, o Grande, e ajudou a Sócrates como a esse humilde ser que ora procura amparo.

Mas Sócrates deu o tom sobre a ignorância que nesse momento me acomete:

> "Sei que não sei quase nada, e mal sei isso"

Doces e carinhosas palavras. Que acalmam, afagam..., inspiram. Pois que, retornando à Goethe:

> "Que eu conheça o que une
> O mundo em seu íntimo".

IVADP Instituto Vasco de Derecho Processual (Espanha)

MERCOSUR Mercado Comum do Sul

MESC's Medios Extrajudiciales de Soluciones de Conflictos – Meios extrajudiciais de solução de conflitos

MIFID II Diretiva 2014/65/EU – Diretiva que melhora as regras adotadas pela primeira MIFID regulando as condições de autorização e funcionamento das empresas ligadas ao mercado de papéis.

MIFIR Regulamento 600/2014 EU – referente aos mercados financeiros. Regula a transparência pré e pós contratual em relação as autoridades competentes e dos investidores. (vide: art. 422 do CC)

OCDE Organización para la Cooperación y el Desarrollo Económico (España)

PIB Producto Interno Bruto – Produto Interno Bruto

RA Revista de Administración

RAP Revista de Administración Pública

RDBB Revista de Derecho Bancario y Bursátil

RDFHP Revista de Derecho Financiero y de Hacienda Pública

RDM Revista de Derecho Mercantil

RDS Servicio de bases de datos relacionales

R$ Reales brasileños

SIBE Sistema de Interconexión Bursátil español

STC Sentencia de Tribunal Constitucional español

STJ Superior Tribunal de Justicia (Brasil)

STF Supremo Tribunal Federal (Brasil)

TLCAN Tratado de Libre Comercio de América del Norte de 1992

UE União Européia

SIGLAS/ABREVIATURAS

ALCA   Area de Libre Comercio de las Américas, actualmente en fase de negociación

APPRIS   Acuerdos para Promoción y Protección Recíproca de Inversiones

Anbid   Asociación Nacional de Bancos de Inversión (Brasil) – Associação Nacional de Bancos de Investimento.

Anbima   Asociación Brasileña de Entidades del Mercado Financiero y de Capitalesm(Brasil) – Associação brasileira de entidades do mercado financiero e de capitais.

BMF & Bovespa   Bolsa de Valores de Estado de São Paulo

BME-X   Bolsas y Mercados Españoles

B3   Brasil, Bolsa, Balcón (Junción de la BMF&Bovespa con la Central de Custodia y de Liquidación Financiera de Títulos)

CByF   Comité Bancário e Financeiro de arbitragem da Associação Européia de arbitragem

CC   Código Civil brasileiro.

CVM   Comisión de Valores Mobiliarios (Brasil) - Comissão de Valores Mobiliários

CVNM   Comisión de Valores Nacional Mobiliarios (España)

E   Euro

ESI   Empresas de servicios de inversión. *Ombudsman* da Associação das Corretoras (Brasil).

FMI   Fondo Monetario Internacional – Fundo Monetário Internacional

IBEX 35   índice de la Bolsa de Madrid, España

IGBC/IBGC   Instituto Brasileño de Gobernanza Corporativa – Instituto Brasileiro de Governancia Corporativa.

*À Alcione e Eduardo Barros
pela confiança depositada em
um jovem viajante aéreo.
Minha gratidão eterna.*

AGRADECIMENTOS

Agradecer al Profesor Fernando Carbajo Cascón, sinónimo de honestidad, inteligencia y seriedad. Agradezco ser mi tutor, amigo y profesor.

Para eu derrubar os meus obstáculos?...

Corre, nas vossas veias, sangue velho dos avós,

E vós amais o que é fácil!

Eu amo o Longe e a Miragem,

Amo os abismos, as torrentes, os desertos...

Ide! Tendes estradas,

Tendes jardins, tendes canteiros,

Tendes pátria, tendes tetos,

E tendes regras, e tratados, e filósofos, e sábios...

Eu tenho a minha Loucura !

Levanto-a, como um facho, a arder na noite escura,

E sinto espuma, e sangue, e cânticos nos lábios...

Deus e o Diabo é que guiam, mais ninguém!

Todos tiveram pai, todos tiveram mãe;

Mas eu, que nunca principio nem acabo,

Nasci do amor que há entre Deus e o Diabo.

Ah, que ninguém me dê piedosas intenções,

Ninguém me peça definições!

Ninguém me diga: "vem por aqui"!

A minha vida é um vendaval que se soltou,

É uma onda que se alevantou,

É um átomo a mais que se animou...

Não sei por onde vou,

Não sei para onde vou

Sei que não vou por aí!

AOS MEUS AMORES ESPIRITUAIS
CÂNTICO NEGRO DE JOSE REGIO:

"Vem por aqui" — dizem-me alguns com os olhos doces
Estendendo-me os braços, e seguros
De que seria bom que eu os ouvisse
Quando me dizem: "vem por aqui!"
Eu olho-os com olhos lassos, (Há, nos olhos meus, ironias e cansaços)
E cruzo os braços,
E nunca vou por ali...
A minha glória é esta:
Criar desumanidades!
Não acompanhar ninguém.
— Que eu vivo com o mesmo sem-vontade
Com que rasguei o ventre à minha mãe
Não, não vou por aí! Só vou por onde
Me levam meus próprios passos...
Se ao que busco saber nenhum de vós responde
Por que me repetis: "vem por aqui!"?
Prefiro escorregar nos becos lamacentos,
Redemoinhar aos ventos,
Como farrapos, arrastar os pés sangrentos,
A ir por aí...
Se vim ao mundo, foi
Só para desflorar florestas virgens,
E desenhar meus próprios pés na areia inexplorada!
O mais que faço não vale nada.
Como, pois, sereis vós
Que me dareis impulsos, ferramentas e coragem

Dedico este estudo ao Longe e a Miragem,

aos abismos, as torrentes, os desertos... A todos
que tem espirito livre. Arthur Schopenhauer, aos
dezesseis anos, na Catedral de Westminster, em
Londres disse: os reis deixaram aqui sua coroas
e cetros; os heróis, suas armas. Mas os grandes
espíritos, cuja gloria estava neles e não em
coisas externas, levaram com ele grandeza.

Copyright © 2019 by Editora Letramento
Copyright © 2019 by Luiz Fernando do Vale de Almeida Guilherme

Diretor Editorial | **Gustavo Abreu**

Diretor Administrativo | **Júnior Gaudereto**

Diretor Financeiro | **Cláudio Macedo**

Logística | **Vinícius Santiago**

Designer Editorial | **Luís Otávio Ferreira**

Assistente Editorial | **Giulia Staar e Laura Brand**

Diagramação | **Isabela Brandão**

Conselho Editorial | **Alessandra Mara de Freitas Silva;
Alexandre Morais da Rosa; Bruno Miragem; Carlos María Cárcova;
Cássio Augusto de Barros Brant; Cristian Kiefer da Silva; Cristiane Dupret;
Edson Nakata Jr; Georges Abboud; Henderson Fürst; Henrique Garbellini
Carnio; Henrique Júdice Magalhães; Leonardo Isaac Yarochewsky;
Lucas Moraes Martins; Luiz Fernando do Vale de Almeida Guilherme;
Nuno Miguel Branco de Sá Viana Rebelo; Renata de Lima Rodrigues;
Rubens Casara; Salah H. Khaled Jr; Willis Santiago Guerra Filho.**

Todos os direitos reservados.
Não é permitida a reprodução desta obra sem
aprovação do Grupo Editorial Letramento.

Dados Internacionais de Catalogação na Publicação (CIP) de acordo com ISBD

G956a	Guilherme, Luiz Fernando do Vale de Almeida
	A arbitragem na bolsa de valores de São Paulo (B3) e Madrid (BME) / Luiz Fernando do Vale de Almeida Guilherme. - Belo Horizonte : Letramento ; Casa do Direito ; Almeida Guilherme Advogados, 2019. 106 p. : il. ; 15,5cm x 22,5cm.
	Inclui bibliografia. ISBN: 978-85-9530-252-5
	1. Economia. 2. Mercado financeiro. 3. Bolsa de valores. 4. Arbitragem. I. Título.
2019-754	CDD 332.6 CDU 336.765

Elaborado por Odilio Hilario Moreira Junior - CRB-8/9949

Índice para catálogo sistemático:
1. Economia : Mercado financeiro 332.6
2. Mercado financeiro : Arbitragem 336.765

Belo Horizonte - MG
Rua Magnólia, 1086
Bairro Caiçara
CEP 30770-020
Fone 31 3327-5771
contato@editoraletramento.com.br
editoraletramento.com.br
casadodireito.com

Casa do Direito é o selo jurídico do
Grupo Editorial Letramento

LUIZ FERNANDO DO VALE
DE ALMEIDA GUILHERME

A ARBITRAGEM NA BOLSA DE
VALORES DE SÃO PAULO (B3)
E MADRID (BME)